首都防衛

宮地美陽子

JN052857

講談社現代新書

2717

目次

はじめに　最悪のシミュレーション――4

第1章　首都直下地震の「本当の恐怖」――30

首都直下地震は何が怖いのか／東京湾封鎖／「7秒」が生死を分ける／揺れやすい地盤とは／「2倍」違う地盤の揺れ／火の海の恐怖／消火の限界／命の「72時間」／危険なブロック塀があなたを襲う／帰宅困難者「450万人」そのときどうする／スマホがつながらない不安／隣人を助けることはできるのか／首都を防衛せよ／進化する首都の危機対応力／自宅の耐震化はどうなっているのか／耐震化はこうやるべし

第2章　南海トラフ巨大地震は想像を超える――104

タワマンは大丈夫なのか／「異次元」の巨大地震／「半割れ」の恐怖／大津波から逃れられるのか／津波避難の実態――何が生死を分けたのか／今後の備えの状況――各地での取り組み／南海トラフ巨大地震で国はこう動く／地震は予知できるのか／

「地震の発生確率」はどう理解したらよいのか／「内陸直下の地震」と「海溝型の地震」は何が違うのか／地震発生、ここにいたらどうする

第3章　大災害「10の教訓」―― 149

教訓①なぜ初動が遅れたか／教訓②空き地で「3万8000人」焼死／教訓③避難者が全国へ／教訓④命をつなぐ隙間／教訓⑤安全神話の崩壊／教訓⑥救出に向かえない消防／教訓⑦誰が高齢者を助けるのか／教訓⑧消防団員を守れ／教訓⑨子どもをいかに守るか／教訓⑩被災者を支えるボランティア／地震学者らはこう備えている／人命を左右する応急処置

第4章　富士山噴火・気象災害・弾道ミサイル ―― 185

富士山噴火と地震は連動する／富士山が噴火したらどうなるのか／増加する気象災害／弾道ミサイル発射の脅威／ミサイル攻撃から逃げられるのか／地震の後には雨が降る／天気はコントロールできるのか

おわりに ―― 216

はじめに　最悪のシミュレーション

前代未聞の大災害

　今から320年ほど前、前代未聞の大災害は起きた。1703年の真冬、激しい揺れが深夜の東京都、千葉県、神奈川県（いずれも現在）を襲う。江戸時代、現在の関東地方を急襲した「元禄地震」だ。被害の詳細はいまだ確定されていないものの、最大震度7に相当する強い揺れが起き、死者は1万人を超えたと伝えられる。10メートル超の津波は沿岸に住む人々に襲いかかり、一瞬にして多くの命を奪った。

　2008年3月に千葉県が発行した防災誌には、古文書や供養碑などをもとに当時の被害がこのように記されている。「房総半島南部では4メートル以上も土地が隆起、また沈降したために、農業や漁業を営んでいた当時の人々の生活に大きな影響をおよぼしました。大きな地震動と同時に、目の前にあった山が沈み、または今までなかった浜が出現したのです。これらの現象がどれだけ当時の人たちを驚かせたことでしょう」。巨大地震は強い揺れや津波とともに、大きな地殻変動も生じさせている。

国土交通省によると、元禄地震が発生したときの日本の人口は3000万人弱と推計される。単純比較は難しいものの、現在の人口で表せば死者は4万人を超えるレベルだ。しかし、江戸時代中期の我が国を襲ったのは元禄地震にとどまらない。

4年後の1707年10月、今度は駿河《するが》湾から四国沖の広い範囲で大きな揺れが発生した。マグニチュード（M）8・6と推定される「宝永地震」は南海トラフの巨大地震で、最大震度7に達したとみられる。海岸部では最大で津波高約15メートルの大津波が発生し、現在の大阪を中心に死者は2万人以上と伝えられている。

内閣府の「災害教訓の継承に関する専門調査会報告書」（2014年3月）によれば、宝永地震のような南海トラフの大規模地震が発生した後には周辺の地殻に加わる力に大きな変化をもたらす。発生後に地震や火山活動が活発になる場所が現れ、宝永地震発生の翌日早朝にはM6・5程度の地震が富士山の東麓で発生。そして、49日後には富士山の噴火活動が始まる。

大量の火山灰が飛来し、地震による被害が少なかった関東平野でもダメージが生じた。この「宝永大噴火」は2週間も断続的に続き、江戸にまで火山灰は降り積もっている。報告書は「少なくとも宝永地震のような非常に大規模な地震の発生後数ヶ月間は、誘発される別の地震や噴火、土砂崩れなどの災害にも注意が必要である」と指摘している。

元禄から宝永年間に続発した巨大地震と富士山の噴火は何を物語るのか。現在と違って詳細なデータは残されていないものの、少なくとも言えることは二つの大地震と富士山噴火が連動し得るという恐怖だ。あえて名をつけるならば、「大連動」と言ってよいだろう。それが今から320年ほど前、現実に起きた意味は決して小さくはない。

では、人口が当時の4倍超に増加し、列島のいたるところで人々が暮らすようになった現在の我が国で首都直下地震、南海トラフ巨大地震、富士山の噴火という「大連動」が生じたらどうなるのか。交通網やインフラが全国に行き渡り、物流が東西の垣根なく展開される今日に発生すれば、その被害は当時とは比べものにならないほどのインパクトを与えるだろう。タワーマンション（タワマン）や高層ビルが林立し、スマートフォン（スマホ）に連絡手段と情報収集を依存する今日ならではの課題も浮き上がる。

江戸時代の我が国を苦しめた「大連動」が再び起きたとき、あなたはどうするか。

それでは、最新の被害想定などをもとにした「最悪のシミュレーション」をご覧いただこう。

ある日突然、やってくる

２０××年の冬、それは現実のものとして襲いかかった。経験したことのない、突き上げるような強烈な揺れは人々の動きを瞬く間に封じ、激しい動揺と恐怖が心をへし折る。毎年の防災訓練で何度も備えてきたはずだったが、その衝撃は想定をはるかに超えていた。

室内に置かれていたテレビやパソコンは床に倒れ、食器棚からはコーヒーカップや皿が勢いよく飛び出す。窓ガラスは飛散し、タンスや本棚は不思議な動きを見せながら傾いていった。使い慣れたスマホは通信障害で機能せず、助けを呼ぶことも、家族や友人の安否を確認することもできない。テレビのニュースで情報を得ようにも停電が阻む。できることは暗闇の中で静かに待つだけだった。

すぐ近くの住宅の窓から真っ赤な炎が猛烈な勢いで吹き出し、悲鳴と怒号が響き渡る。隣家から隣家へ延焼していくのは時間の問題で、商品棚がドミノ倒しになったコンビニから逃げまどう人々の表情はこの世の終わりを感じさせる。

日本の首都を襲った大地震の規模は、Ｍ７・３。ヒト・モノ・情報が集まる東京には、地球外生命体に強襲されたような信じられない光景が広がった。江東区や江戸川区など11の区は震度7を記録し、人口の多い23区の約6割は震度6以上の揺れが起きる。6000人以上が死亡、負傷者は9万3000人を超え、ライフラインは次々とダメージを受けた。

ビル崩壊、大渋滞、「助けて」の声……

この日、タクシー運転手の浜田幸男(仮名)は夜の街を流していた。休憩に入ろうとした矢先、常連客からの電話が鳴り「湾岸エリアまで来て、乗せてよ」と頼まれた。「OK! 10分ほどで着くから待ってて」と普段と変わらない応答でアクセルを踏み込んだとき、車が持ち上がるような激しい衝撃を感じる。

「ドッ、ドーン!」。追突されたときのものではない、地鳴りのような音が響く。それは腹底を揺さぶられるような強いものだった。都会の喧騒を上回る大音量の緊急地震速報がスマホから鳴り響き、必死でハンドルにしがみつくしかない。「車がひっくり返る、もうダメだ」と身を屈めるのがやっとだった。最初の激しい揺れは10秒ほどだったが、1分以上に長く感じた。顔を上げたときには周囲の信号機は倒れ、道路沿いの建物は崩れている。ビルや看板の灯りは消え、歩道には瓦礫やガラスが飛び散り、呆然と立ち尽くす若者たちの姿は映画のワンシーンを見ているようだ。

　やや揺れが小さくなったことを感じた浜田は、汗で湿る手で強く握りしめたスマホから家族への電話を繰り返した。だが、一向につながらない。「まさか死んでないよな……」と不安ばかりが募る。ベテランの域に達した運転手でも見たことがない大渋滞が行く手を遮り、やむなくキーをつけたまま車を路肩に放置することにした。真っ暗な道を月明かりだけを頼りに急ぎ足で自宅に向かう途中、不気味に静まり返った街では、どこからともなく「助けて」というわずかな声が風に木霊《こだま》し、耳に残った。

　関西出身の浜田は、１９９５年１月17日に発生した阪神・淡路大震災で母を失った。日本で初めての大都市を直下とする地震で、最大震度７を記録。兵庫県を中心に６４３４人（災害関連死含む）が死亡、３人が行方不明、４万３７９２人が負傷した大地震だ。テレビやスマホからの情報が遮断される中、浜田はかつて経験した地震と似たような揺れを感じた。

　路地を曲がれば自宅という場所にたどり着いたとき、浜田は顔見知りの消防団員に制止される。「立ち入り禁止になっているんです。もう行かない方がいい」。見慣れた道の先には見るも無残な状況が広がっていた。飼い犬の散歩で知り合った近所のシニア夫婦が住む一軒家は倒壊し、あちらこちらに炎が見える。高いビルからは煙が空高く立ち上り、住み慣れた木造二階建ての自宅は隣家に助けを求めるように傾いていた。

「妻が家にいるんだよ、とにかく行かせてくれよ！」。何度も勢いよく飛び出そうとしたが、必死に制止された。不安と苛立ちが充満したとき、浜田は妻・幸子との〝約束〟を思い出す。「俺は阪神・淡路大震災で母親を亡くした。今度は南海トラフ巨大地震が起きるというではないか。だから、東京に出てきたんだ。いいか、幸子。何かあったら必ず逃げてくれ。俺も逃げるから後で絶対に合流しよう」。大地震で親を失った浜田は、いざというときの対応を妻と話し合っていた。その〝約束〟を信じ、浜田は避難所に指定されていた小学校に向かった。

避難所には帰宅困難者が殺到、避難者同士のトラブルも

娘の香織がかつて通った校舎の一角は、ラジオから流れる声を聞き漏らすまいとする人々で溢れていた。最新の被害状況を伝え続けるアナウンサーによれば、耐震性の低い住宅は全壊し、古いビルやマンションも崩れている。木造住宅の密集地域では火

災が相次ぎ、いたるところで道路は寸断され、鉄道も運行停止。広範囲で停電や断水が発生しているという悲惨な状況だった。

「あなた！」。聞き慣れた声に振り向くと、避難所の端で両手を振る幸子が目に涙を一杯にためていた。妊娠中の香織は入院先で無事が確認され、一家の心は少しだけ和らぐ。ただ、自宅を失った一家はしばらく避難所での生活を余儀なくされる。この後さらなる悲劇に襲われることになるとはそのときは知るよしもなかった。

首都直下地震の発生翌日、職場や外出先から自宅への帰還が困難になった帰宅困難者が一時滞在施設の場所がわからず、避難所にも殺到した。収容力を超える事態だ。通信の途絶に加え、スマホのバッテリーは切れ、家族らとの連絡が困難になった人々がイライラを募らせる。備蓄の飲用水や食料は限定的で、仮設トイレは衛生環境が悪化。感染症が蔓延することへの不安も広がった。

さらに自宅での避難生活を送っていた人も家庭内の備蓄が枯渇し、避難所に次々と訪れる。支援物資やボランティアの供給には地域でバラツキがみられ、人々のストレスも増すばかりだ。高齢者や既往症を持つ人は慣れない環境での生活に症状が悪化し、避難者同士のトラブルも続発する。

首都直下地震の被害想定

首都直下地震――。政府の中央防災会議が「今後直下の地震の発生の切迫性が高まってくることは疑いない」と南関東地域における大地震発生に警鐘を鳴らしたのは、1992年8月。それから30年超が経過し、毎年9月1日の「防災の日」に醸成されるはずの危機感は年々失われてきた。政府の地震調査委員会は2014年に「今後30年間に70％の確率で起きる」と指摘したが、もはや〝オオカミ少年〟への眼差しと似たようなものが向けられていた。

しかし、東京都が2022年5月、10年ぶりに見直した被害想定を見れば、首都を襲う直下地震のダメージは甚大だ。都心南部直下地震が冬の夕方に発生した場合、都内の全壊する建物は約8万2200棟に上り、火災の発生で約11万8700棟が焼失。避難者は約299万人に達する。

発災直後は広範囲で停電が発生し、首都機能を維持するための計画停電が行われる可能性も生じる。上水道は23区の約3割、多摩地域の約1割で断水。上下水の配管などが被害を受けたビルやマンションは修理しなければ水道やトイレを利用できない状況が続く。電話やインターネットはつながらず、携帯電話の基地局が持つ非常用電源のバッテリーが枯渇した場合には利用不能状態が長引くおそれがある。

在来線や私鉄は運行がストップ。東京湾の岸壁の約7割が被害を受けて物流には大きな影響が生じ、物資不足への懸念から「買いだめ」が多発していく。避難所で生活する人の数は自宅の備蓄がなくなる発災4日後から1週間後にかけてピークを迎え、体の不調から死亡する「災害関連死」もみられるようになる。

10年前の想定とは震源の位置や深さが異なるため、比較することは難しいものの、死者は約3500人、全壊建物は約3万4000棟、帰宅困難者は約64万人それぞれ少なくなっている。だが、東京都が見直した2022年の被害想定が「最悪」のシミュレーションなのかと言えば、答えは「NO」だ。

直接的な経済被害は21兆円以上

仮設住宅へ移り住んだ浜田は、〝新拠点〟での生活に適応しつつあった。「阪神・淡路大震災を経験し、もう地震は嫌だと思って東京に来たけど、まさか2度も被害に遭うことになるとは思わなかったな」。ポツリと漏れる本音に幸子も同意する。

東京都が想定した建物・インフラ損壊といった直接的な経済被害は約21兆5640億円だ。ただ、物流停滞や生産活動の停止などの間接的な被害に加え、物価も高騰。1本100円のミネラルウォーターは100円玉を2枚投じなければ購入できなくなった。円安が急速に進行し、輸入品の価格も跳ね上がる。

大地震の首都襲来は「日本危機」につながる。老後生活のために浜田がコツコツと貯めてきたお金は実質目減りしていった。「もう一度、ゼロからやり直さないとな……」。何とも言えない表情で口を真一文字に結んだ浜田に、幸子はそっと肩を寄せた。

南海トラフ巨大地震が発生する日

地震の4年後、再起に向けてタクシー運転手を続けた浜田はアパートで幸子と暮らしていた。医療保険や生命保険（死亡保険）には加入していたものの、地震保険には未加入だった。自宅再建への国の支援金は最大300万円で、借金をしなければ建て直したり、中古物件を購入したりするだけの余力もない。土地の売却で老後資金をひとまず確保し、夫婦二人で静かに暮らす道を選んだ。「さすがに、老後くらいは安心して暮らせるようになりたいな」。浜田は自らに言い聞かせるようにつぶやく。

だが、浜田の「不運」はなおも続いた。4歳になる娘とともに、夫・直也の転勤先である大阪に引っ越していた香織には、首都直下地震で経験した恐怖から解放されたいとの思いもあった。もちろん、政府の地震調査委員会が2022年1月、南海トラフで今後40年以内にM8〜9級の巨大地震が発生する確率を引き上げたことは知っている。前年の「80〜90%」から「90%程度」とさらに高確率になったことに不安がないと言えばウソになる。

ただ、暮らし慣れた首都の悲惨な状況や友人の死というショックから早く立ち直りたいと、大阪異動の内示を受けた直也についていくことにした。浜田のさらなる「不運」とは、南海トラフ巨大地震の発生を意味する。1995年の阪神・淡路大震災の傷を癒やそうと上京した浜田は、タクシー運転手になった直後に幸子と結ばれ、溺愛する娘・香織を授かった。たしかに東京で首都直下地震に遭遇することになったものの、出逢いは何物にも代えがたい。加えて、高確率で起きると予想されていた南海トラフ巨大地震を東京で回避したいとの思いも強かった。まさか夫の転勤先となった大阪で娘が被災するなんて思いもしなかったことだ。

大地震が首都を襲った4年後、静岡県から宮崎県にかけて最大震度7の南海トラフ巨大地震が発生した。最大クラスの地震により周辺地域でも震度6強の揺れが起き、太平洋沿岸は九州地方にかけて10メートルを超える大津波が襲来。猛烈な強い揺れや火災、津波によって238万棟超が全壊・焼失し、死者は32万人を超えた。

被害は近畿や東海、四国など広範囲に及び、関西圏を中心にダメージは深刻だ。ライフラインは2710万軒が停電し、上水道は3440万人が断水、都市ガスも約180万戸で供給がストップした。道路の沈下や損傷は4万ヵ所以上で見られ、中部国際空港や関西国際空港のほか大分や宮崎、高知の空港で津波浸水が発生する。

帰宅困難者は中京都市圏で約110万人、京阪神都市圏では約270万人に達し、食料や飲料水が不足。住宅やオフィスではエレベーター内に閉じ込められる人が続出した。被災地の経済被害は160兆円以上で、まさに史上最大級の巨大地震であることを物語る。

4年前の首都直下地震による傷が癒えない中での災禍は、国の想定を上回る大打撃になるのは間違いなかった。連絡が思うようにとれない不安に駆られながら、自宅の居間で西方に向かって両手を合わせる浜田は「よりによって香織までが……。こんなことになるくらいなら自分が代わりになりたかった」と娘たち家族の生存をただ祈る。

壊滅的状態だが、最悪ではない

不幸中の幸いで、自宅近くの公園で家族でピクニックを楽しんでいた香織たちは無事だった。耐震補強された大阪の社宅はひび割れが目立つ程度で、1週間ほどの備蓄もある。被災直後は電話の通話もできない状態だったが、次第に落ち着きを取り戻していった。ただ、サプライチェーンの寸断や電力需要の抑制、生活必需品の価格高騰といった不安は尽きない。

南海トラフ巨大地震と首都直下地震の「連動」を偶然と見てはならないことは歴史が証明している。たとえば、1854年12月23日の「安政東海地震」が発生し、翌24日には「安政南海地震」が起き、伊豆から四国までの広範囲に大きな被害をもたらした。さらに1855年11月11日には「安政江戸地震」が発生し、東京や神奈川、千葉などで震度6以上を記録している。

西日本での地震は、東北地方の地震よりも首都圏に揺れが伝わりやすいとされる。2011年3月の東日本大震災発生時にも首都圏は揺れたが、西日本での発生はその威力が増すと考えられているのだ。つまり、南海トラフ巨大地震が発生すれば長周期地震動が首都圏を襲うことを意味する。東京都の被害想定ではM9級の南海トラフ巨大地震が生じれば、10分強で島嶼《とうしょ》部に最大27メートル超の津波が押し寄せ、約1300棟の建物が全壊し、1000人近くの命が奪われるとされている。

首都圏と関西圏、そして周辺地域がほぼ同時にダメージを受けることになれば、日本が壊滅的な状況に置かれることは想像に難くない。だが、それでも「これが最悪のシミュレーション」というのはまだ早い。その理由は、南海トラフ巨大地震の後に富士山周辺で誘発地震があれば、富士山の噴火にも連動する可能性があるからだ。

先に触れたように、1703年からの「大連動」が生じた歴史を忘れてはならない。富士山は1707年の「宝永大噴火」から眠り状態にあるとみられているものの、紛れもない活火山だ。東日本大震災の後にはマグマが上昇し、山麓に亀裂が生じて地熱が上昇するなどの異変もみられてきた。ひとたび噴火すれば、火砕流や溶岩流による被害のみならず、火山灰は首都圏にも降り積もる。

「大連動」という恐ろしい未来

香織の安全を確認した浜田は「なんで映画みたいなことが俺の生きているときに起

きるんだよ。本当に地獄みたいだ」と怒りと悲しみに暮れていた。日本経済を牽引してきた企業の多くは二つの大地震で中枢機能が低下し、海外法人は撤退。東西間の交通寸断に伴う機会損失も大きく、人々の消費マインドは一気に低下した。株価は下落を続け、金利変動に伴い資金調達を困難とした企業は債務残高が増大。日本の国際競争力は急降下し、雇用状況は悪化する一方だ。

さらに事態は悪化する。香織を襲った南海トラフ巨大地震の発生から約50日後、今度は静岡県と山梨県にまたがる日本最高峰の富士山が噴火した。噴火後2時間で東京にも降灰が始まり、交通や物流などがストップ。慌てた浜田がニュースを見ると、首都圏の約1250万人に呼吸器系の健康被害を生じるおそれがあると報じていた。

「おいおい、マジかよ」。火山灰は直接死傷する可能性はほとんどないものの、わずかでも堆積があれば交通機関は麻痺し、出勤はおろか移動することも困難になる。2023年3月に関係自治体や国などでつくる「富士山火山防災対策協議会」がまとめた避難基本計画によれば、微塵でも降灰が始まると鉄道は早い段階で運行に支障が生じ、大部分が運行をストップ。その余波で道路交通量は激増することになるが、路面にわずか0・5センチの降灰があるだけでスリップする車が続出する。

雨天時に3センチも積もれば二輪駆動車の走行は困難となり、四輪駆動車であっても10センチ以上で通行は難しい。物流は停滞し、緊急車両の走行も困難になる。

電力は、降灰中は火力発電所の発電量が低下し、6センチ以上で停止。10センチ以上の降灰に雨が降れば倒木で電線が切断されて停電が発生する。通信は噴火直後からの大量アクセスで電話がつながりにくく、携帯電話のアンテナに火山灰が付着すれば通信障害が生じる。下水道は堆積の厚さにかかわらず断水や使用制限が起きる。

首都直下地震、南海トラフ巨大地震、そして富士山の噴火。320年ほどの時を経て再び発生した3つの巨大災害が重なるという「大連動」に、もはや浜田は空を見上げるしかなかった。「なんてこった。ハリウッド映画でも見たことがない光景だ」。アパートの窓から見える降灰は、天からの涙のように映った。

関東大震災から100年

関東大震災から100年目の2023年、国や自治体は人々の命を奪い、生活をひっくり返す大災害への備えに向けた検討を重ねている。東日本から西日本の広範囲で甚大な被害をもたらす3つの巨大災害は、静かに、だが確実に迫る。注意しなければならないのは、その3つが同時期に発生すれば、被害は「1＋1＋1＝3」にはならないことだ。

単発で発生すれば生産拠点を移したり、安全な地を求めて移住したりすることができるが、日本全体に同時多発のダメージが広がる「大連動」はそれを許さないだろう。被害のレベルは「3」ではなく、「5」にも、「10」にも増大する可能性があるのだ。

日を増すごとに上昇する巨大災害の発生確率を前に、私たちはいま何ができるのか。そして、いかなる心構えと準備をしておくことが大切なのか。国家の危機が生じても、生き抜くための方法と準備を考える。

「被害想定見直し」が問うもの

直下地震の到来が予想される首都・東京は2022年5月、被害想定を10年ぶりに見直した。首都機能に大きなダメージを与えるM7・3の「都心南部直下地震」など8つのケースを想定し、発災直後から1ヵ月後までに起こり得る事態を時系列で示した災害シナリオを初めて盛り込んでいる。

電力や上水道といったライフラインは寸断され、通信や交通インフラがストップ。

都心南部直下地震では東側が危ない

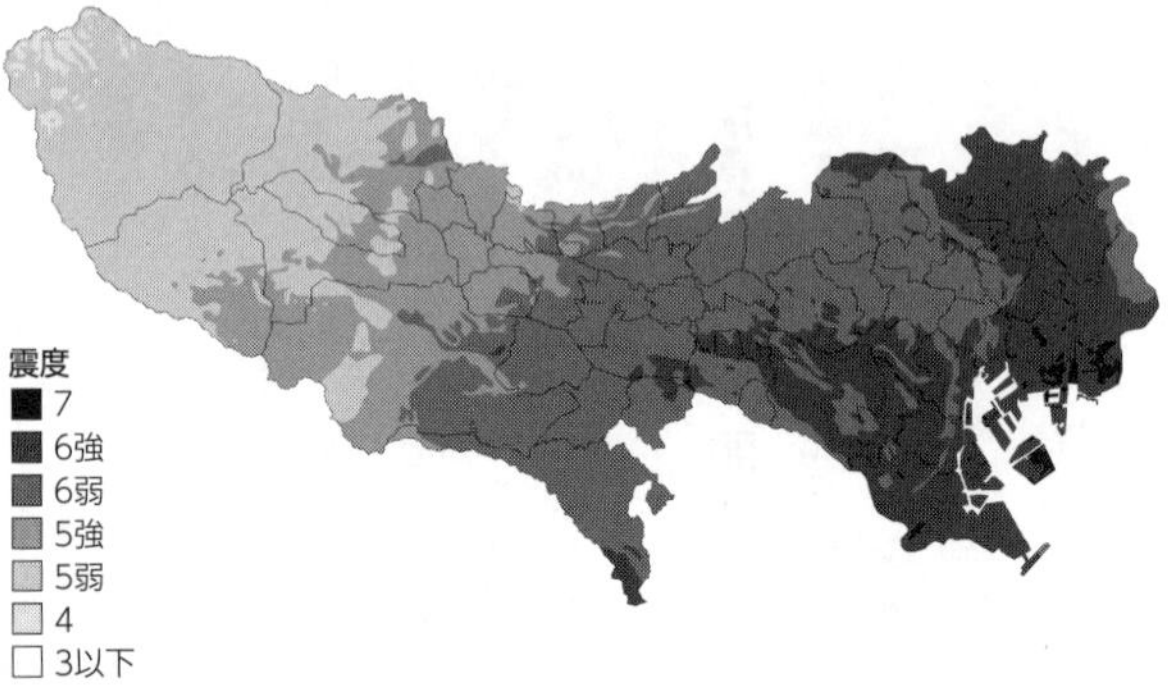

出典:東京都「被害想定マップ」

物資が不足し、救出・救助や被災地支援が遅れるなど被害が長期化する可能性も想定している。そこから見て取れるのは、「私は大丈夫」と考えている人にも、自らが帰宅困難者になった場合や長期に及ぶ避難所での生活、ライフライン遮断などにいかに備えるべきかという心構えと準備の重要性である。近隣県から一日300万人近くが往来し、海外からも観光客が押し寄せる首都に大地震が襲来すれば、そのダメージは想定を上回る事態を招く可能性も十分にある。

2023年4月、内閣府は南海トラフ巨大地震の被害想定見直しに着手し、M8級の巨大地震が連続発生するケースへの検討を重ねる。激しい揺れや大津波にいかに対処すべきなのか優先順位を練り直すものだ。東海から九州にかけて巨大地震が生じれば、経済被害は２０１１年３月に起きた東日本大震災の10倍超にも達すると予想される。関東地方を含めた広い地域には10メートルを超える津波が発生し、太平洋沿岸は我が国が経験したことのないような甚大なダメージを受ける可能性が指摘される。

大地震の襲来だけではない。２０２３年３月には山梨、静岡、神奈川の３県と国などがつくる協議会が富士山の噴火を想定した新たな避難計画を公表した。避難の対象地域を６つのエリアに分け、気象庁が噴火警戒レベルを引き上げた場合などの対策を盛り込んでいる。ある総務相経験者は「二つの大地震に加えて、富士山の噴火が我が国を襲えば国力は大きく減退する。明日、生じるかもしれないと思って対策と準備を進めるべきだ」と危機感を強める。今、国や自治体は巨大災害への備えに本気で向き合おうとしている。

なぜ「首都防衛」なのか

本書のタイトルに『首都防衛』と用いたのには理由がある。「防衛」と言えば、他国からの攻撃やテロなどから祖国、そして国民の生命を守ることを思い浮かべるだろう。

だが、国家や国民を脅威から「防ぎ守ること」に主眼を置くならば、首都直下地震や南海トラフ巨大地震、富士山噴火といった巨大災害に対しては「防衛」という言葉を用いるのがふさわしいだろう。

実際、我が国の「防衛力整備計画」(2022年策定)には、防衛力の果たすべき役割として「大規模災害等への対応」を掲げ、自衛隊が災害派遣を迅速に行うための初動対処態勢を整えていることや、震度5強以上の地震が発生した場合は航空機による情報収集を実施していることなどが記載されている。

国家の存立が危ぶまれるような事態とはいかないまでも、我が国の中枢機能が集中する首都が未曽有の自然災害によって危機に陥れば、国家の機能や力は大きく失われる。首都直下地震や南海トラフ巨大地震という二つの巨大災害に見舞われ、東と西がほぼ同時に大打撃を受けることがあれば、それは「有事」そのものと言えるだろう。

私が新聞記者として山梨県に赴任した2000年、300年近くも眠り続ける日本最高峰は不気味な動きを見せた。富士山は「活火山」であると主張するように地下15キロ付近で低周波地震を急増させたのだ。翌2001年に国と富士山周辺の8自治体は「富士山火山防災協議会」を設立し、初めて国レベルのハザードマップづくりが開始されるようになったが、観光振興と危機感の醸成を同時に進めることには難しさもある。登山者からは「富士山が噴火？　そんなことは自分が生きている間にないでしょ」「噴火しても東京には影響ないよ」といった声も聞こえた。

だが、本当にそうなのか。ましてや、首都直下地震や南海トラフ巨大地震との「大連動」が生じれば、我が国には地球上で経験したことがないような悲劇が起こり得る。加えて、激甚化する風水害や隣国からの弾道ミサイル発射も脅威だ。複合災害の襲来だけでなく、台湾海峡や尖閣諸島の緊張も日本には存在する。

私が本書を執筆する理由は、まさにその点にある。我が国を取り巻く環境をにらめば、もはや国家や国民を守り抜くことに直結する「首都の防衛」をどうするのか、少しでも被害を軽減するために国民には何が求められているのかを考えるべきタイミングを迎えていると言えるだろう。私は、東京都知事政務担当特別秘書として都庁内の会議や意見を聞くとともに、災害や防災の専門家、被災者から話を聞いてきた。本書は、今を生きる人々だけでなく、後世に残したい対策の必要性と大切な人の命を守ってほしいという私の思いを詰め込んだ一冊である。

「自分なりの想定」をつくる

10年ぶりに東京都が見直した首都直下地震の被害想定が伝えようとしていることは、「自分なりの想定」をつくることの意味である。小池百合子都知事は2022年5月27日の記者会見で「重要なのは、私たち一人ひとりが高い防災意識を持つことである。発災時にご自分の周りで起こり得る状況を確認していただきたい」と説明した。

それと同時に強調したのは「首都防衛」への決意だ。「ロシアによるウクライナ侵攻では、首都・キーウにミサイル攻撃が行われ、『首都防衛』の重要性が改めて明らかとなった」と語り、北朝鮮が繰り返す弾道ミサイル発射をにらみ地下鉄駅や地下道などを国民保護法に基づく緊急一時避難施設に追加指定している。2023年3月にも民間商業施設の地下など73施設を加えており、東京都の緊急一時避難施設は4000ヵ所を超えた。

防衛相を経験した小池都知事の口癖は「備えよ、常に」で、首都直下地震の被害想定だけではなく有事対応を不断に見直すことの重要性を都庁内で共有してきた。2018年には、災害に対する事前の備えや発災時の対処法などの情報を掲載した「東京都防災アプリ」を配信し、避難所における乳児用液体ミルクの活用や防犯対策など女性視点の防災ブック「東京くらし防災」なども作成している。防災の基礎知識や被災後の生活のさまざまな課題の対処法などに役立つ内容で、一人ひとりに防災意識を高めるよう呼びかける。

もちろん、複合災害の襲来や弾道ミサイル発射への備えはマニュアル通りにはいかない。それぞれの生活スタイルが異なるように、自分だけの「オリジナル想定」が欠かせないのだ。たとえば、近所の避難場所を知っている人は多いだろう。だが、職場や外出先で「未曽有の危機」が発生したらどうすべきか。ショッピングの途中や電車に乗っているときに巨大災害に襲われたら、いかに避難するのか。老若男女、十人十色の「想定」を準備しておく必要がある。そのためには「自分だったら、こうする」という心構えと準備を「正しい知識」のもとに考えておかなければならないのだ。

本書の構成

第1章は、首都に甚大な被害を及ぼすと想定される「首都直下地震」を取り上げる。人口が増加する首都は、高齢化が進み単身世帯も増えている。通勤・通学、観光客を含めた数百万人の帰宅困難者問題も大きな課題だ。巨大都市を襲う危機、そして心構えと準備を記した。

第2章は、最も被害が深刻とされる「南海トラフ巨大地震」にいかに備えるべきかを探る。巨大地震の襲来から大津波到着まではわずかだ。長周期地震動が発生し、遠く離れた高層ビルにも大きく影響する。林立するタワマンは大丈夫なのか。脅威と課題を浮き彫りにする。

第3章は、あなたを救うかもしれない「災害の教訓」を紹介する。過去の大災害で初動が遅れた理由、現場での活動を妨げた原因などを例示し、先人たちが残してくれた教訓から子どもや高齢者をいかに守るのかを探る。

第4章は、不気味に眠り続ける富士山や激甚化する風水害、そして弾道ミサイル発射の脅威と身を守る方策などを記した。日本最高峰の富士山と地震は連動するのか。危機襲来時はどのように行動すべきかを考える。

国や自治体は、それぞれの大地震や富士山噴火といった被害想定・避難計画の検討を重ねる。だが、はたして一つひとつは「単体」として起きるだけなのか。富士山の噴火は、南海トラフ巨大地震との連動が指摘される。そして、南海トラフ巨大地震の前後には首都直下地震が発生し得ると警鐘を鳴らす専門家にも私は出会ってきた。とはいえ、それらを総合的に想定したものは我が国には存在していない。

危機管理の要諦が「最悪の事態を想定する」ことにあるならば、首都直下地震、南海トラフ巨大地震、富士山の噴火という3つの巨大災害がほぼ同時に発生する事態も考慮しておかなければならないだろう。少し怖く聞こえるかもしれない。だが、これらは決して絵空事とは言えないのだ。実際、我が国には3つが「大連動」した歴史があることは理解しておく必要がある。

それから320年ほど経った今日、高層マンションやビルも林立する都市部で再び「大連動」が生じれば、どのような災禍をもたらすのか。自然の猛威には国や自治体の「公助」だけで対応できないことは歴史が証明している。一人ひとりの行動と助け合いが被害を最小限に食い止めるためには欠かせないだろう。「自助」「共助」「公助」の3つが組み合ったとき、初めて史上最大の試練を乗り越えることができるはずだ。

本書は、政府や自治体が公表しているデータ等に基づき、専門家の意見もふまえて著しています。

第1章　首都直下地震の「本当の恐怖」

首都直下地震は何が怖いのか

１９２３年に発生した関東大震災は、我が国の災害対策の出発点といわれる。M７・９と推定される大地震は、東京や千葉、神奈川、埼玉、山梨で震度6を観測し、死者・行方不明者は約10万５０００人に達した。

土曜日の午前11時58分に起きた災禍は、昼食時間と重なって火災による被害も拡大した。東京では竜巻状の火災旋風が生じ、全壊・全焼・流出の住家は約29万棟に上っている。関東南部の山地や丘陵地などには土石流による土砂災害が多発し、三浦半島から伊豆半島東岸に津波が襲来したと伝えられる。

9月1日の「防災の日」の起源となった１００年前の大震災は、相模トラフを震源とする海溝型地震で、国家予算が14億円だった時代に被害総額は55億円に達している。阪神・淡路大震災や東日本大震災の被害総額が国家予算比で2割程度だったことを見ても、その被害の大きさがわかるだろう。

では、戦後の焼失と混乱を経て驚異の高成長を遂げた日本の首都が、再び大地震に襲われたらどうなるのか。被害想定の詳細については32～35ページをご覧いただきたいが、それは関東大震災とも異なる、成熟都市・東京ならではのダメージも生じると考えられる。

国会や中央省庁といった政治・行政機能が集中する東京に大地震が襲来すれば、首都機能に甚大な影響が生じる。周辺にある議員宿舎や官舎などから地震発生直後に緊急参集することは理論的に可能であるものの、いざ異次元の災害が訪れれば思わぬ障害に阻まれる可能性は捨てきれない。道路寸断や火災の延焼といった被害の拡大も考えられ、首都機能をどこまで保つことができるのかは未知数だ。

当然ながら、首都の経済機能は大きい。日本銀行や主要金融機関の本店が集中し、都内の事業所数は約62万と全国の1割超を占めている。社会経済システムが損なわれることになれば、負の影響は増幅しながら日本全体に広がる。

国土交通省が2019年12月にまとめたデータによると、上場企業の本社所在地は東京が1823社で、全国の5割強を占める。外資系企業は日本国内の7割にあたる

首都を襲う大地震の被害想定（2022年5月、東京都、いずれも冬）

マグニチュード（M）は気象庁マグニチュードが基本だが、東北地方太平洋沖地震やトルコ・シリア大地震、南海トラフなど巨大地震ではモーメント・マグニチュード（Mw）を用いる

①都心南部直下地震（M7.3）　発生確率30年以内70％（南関東地域のどこか）

夕方　[死　　者]　最大6148人
夕方　[負 傷 者]　最大9万3435人
夕方　[建物被害]　最大19万4431棟
夕方　[避 難 者]　最大約299万人
昼　[帰宅困難者]　最大約453万人

②多摩東部直下地震（M7.3）　発生確率30年以内70％（南関東地域のどこか）

早朝　[死　　者]　最大5104人
夕方　[負 傷 者]　最大8万1609人
夕方　[建物被害]　最大16万1516棟
夕方　[避 難 者]　最大約276万人
昼　[帰宅困難者]　最大約453万人

③立川断層帯地震（M7.4）　発生確率30年以内0.5～2％

夕方　[死　　者]　最大1490人
夕方　[負 傷 者]　最大1万9229人
夕方　[建物被害]　最大5万1928棟
夕方　[避 難 者]　最大約59万人
昼　[帰宅困難者]　最大約453万人

④大正関東地震（M8クラス）　発生確率30年以内0～6％

早朝　[死　　者]　最大1971人
早朝　[負 傷 者]　最大3万9445人
夕方　[建物被害]　最大5万4962棟
夕方　[避 難 者]　最大約151万人
昼　[帰宅困難者]　最大約453万人

⑤南海トラフ巨大地震（M9クラス）　発生確率30年以内70～80％

早朝　[死　　者]　最大953人
早朝　[負 傷 者]　最大31人
早朝・昼[建物被害]　最大1258棟

【発災直後～1日後】
耐震性の低い木造建物やビル、マンションが倒壊し、多数の閉じ込めが発生
住宅や事業所から出火し、同時多発火災が発生
いたるところで道路が寸断され、被害状況の確認や救出・救助、消火活動が困難化
停電に伴う信号機等のストップで交通事故や渋滞が多発。緊急通行車両の移動が困難化する可能性
空港は一時閉鎖
帰宅困難者も避難所に殺到し、収容力を超える事態発生
停電や通信の途絶で避難者数の把握や安否確認、必要な物資の把握が困難化
避難所外の避難者等が飲食料を受け取りに来るため避難所物資が早期に枯渇する可能性も
液状化が発生した地域は住宅の傾斜や断水で居住が困難化
スーパーやコンビニで飲料や食料、生活必需品が売り切れ、物資確保が困難に
輻輳（ふくそう）により携帯電話の通話がつながりにくくなる。携帯基地局の電源枯渇で不通エリア拡大の可能性
鉄道が運行停止。新幹線も止まり、都外からの来街者の多くが帰宅困難者に
道路は一般車両の通行規制。ガソリンスタンドでは給油不能も
広範囲で停電発生。計画停電が実施される可能性
上水道で断水が発生
下水利用が制限。排水管などの修理終了まで集合住宅のトイレが利用できない
一般家庭の低圧ガスは広域的に供給停止。家庭でも震度5弱以上で自動遮断
【3日後～】
強い余震で建物倒壊など被害拡大の可能性
高齢者や既往症を持つ人などが避難所の慣れない環境での生活により病状悪化
災害対応車両への燃料が不足する可能性
家庭内備蓄が枯渇し、避難所への避難者が増加
音声通信やパケット通信の利用に支障。携帯基地局の電源枯渇で不通エリア拡大の可能性
鉄道などの運休継続で車両利用が増加。都外からの来街者の多くが帰宅困難者に
高速道路や主要道路で交通規制継続。渋滞でバスなどの代替移動も困難に
電力は徐々に停電減少。電力供給量が不足し、計画停電が継続する可能性も
上水道では断水の復旧が限定的
一部地域で下水利用が困難な状況が継続。排水管などの修理終了まで集合住宅のトイレが利用できない
ガスは一部利用者への供給停止が継続

【1週間後〜】
強い余震発生の場合、建物倒壊など被害が拡大する可能性
避難所で病状が悪化し、死亡する「災害関連死」が増加
順次、通信が回復。被害状況によっては電話やインターネット通信が長期不通となる可能性も
鉄道は復旧完了区間から順次運行再開。多くの区間は運行停止が継続。橋脚などの大規模被害や車両脱線などが発生した場合は復旧まで1ヵ月以上の期間が必要となる可能性
高速道路や国道などの主要路線は段階的に交通規制解除。その他の道路は交通規制が継続する可能性。道路が寸断された場合、復旧までは数ヵ月以上を要することも。
電力は徐々に停電減少。電力供給量が不足し、計画停電が継続する可能性も
上水道の断水・濁水は段階的に解消。浄水施設などの被災による断水は継続
下水道は一部地域で利用が困難な状況が継続。排水管などの修理終了まで集合住宅のトイレが利用できない
ガスは一部利用者への供給停止が継続
【1ヵ月後〜】
自宅の再建や修繕を望んでいても、建設業者や職人などが確保できない可能性
避難所で病状が悪化し、死亡する「災害関連死」が増加
心身機能低下により、体調を崩す人が増加
物資不足が長期化した場合、略奪や窃盗など治安の悪化を招く可能性
自宅や他の避難先に移動した避難者の所在把握が困難に
順次、通信が回復。被害状況によっては電話やインターネット通信が長期不通となる可能性も
鉄道は復旧完了区間から順次運行再開。多くの区間は運行停止が継続。大規模被害や車両脱線などが発生した場合は復旧まで1ヵ月以上の期間が必要となる可能性
道路は高速道路や国道などの主要路線は段階的に交通規制解除。その他の道路は交通規制が継続する可能性。道路が寸断された場合、復旧までは数ヵ月以上を要することも
電力は復旧困難エリアを除き、多くの地域で供給再開
上水道の断水は概ね解消。浄水施設などが被災した場合は断水長期化も
下水道は多くの地域で利用制限解消。排水管などの修理終了まで集合住宅のトイレが利用できない
ガスは復旧困難エリアを除き、多くの地域で供給再開

首都直下地震発生で「身の回りで起こり得る被害の様相」より作成（2022年5月、東京都）

都心南部直下地震の時間帯別の被害想定（2022年5月、東京都）

（風速8m/s）

想定シーン			冬・早朝	冬・昼	冬・夕方
建物被害	全壊・焼失棟数（棟）		108,433	119,598	194,431
	要因別	揺れ・液状化等	82,199	82,199	82,199
		火災	27,410	39,281	118,734
人的被害	死者数（人）		5,879	3,547	6,148
	要因別	揺れによる建物倒壊	4,916	2,403	3,209
		屋内収容物	275	247	239
		ブロック塀等	6	57	205
		屋外落下物	0	1	5
		急傾斜地崩壊	11	7	8
		火災	671	831	2,482
	死者数に占める要配慮者の割合		65.4%	60.8%	63.7%
	負傷者数（人）		84,677	81,751	93,435
	要因別	揺れによる建物倒壊	75,612	69,685	69,547
		屋内収容物	6,579	7,082	6,496
		ブロック塀等	209	1,982	7,057
		屋外落下物	4	80	378
		急傾斜地崩壊	14	9	11
		火災	2,248	2,914	9,947
	うち重傷者数（人）		9,974	9,762	13,829
交通	道路	橋脚・橋梁被害率（最大）	9.4%	9.4%	9.4%
	鉄道	橋脚・橋梁被害率	1.9%	1.9%	1.9%
	港湾	岸壁被害率	71.2%	71.2%	71.2%
ライフライン	電力	停電率	9.1%	9.5%	11.9%
	通信	不通回線率	1.2%	1.5%	4.0%
	上水道	断水率	26.4%	26.4%	26.4%
	下水道	被害率	4.0%	4.0%	4.0%
	ガス	供給停止率	24.3%	24.3%	24.3%
社会的影響	避難者数（最大）（人）		2,595,391	2,647,882	2,993,713
	帰宅困難者数（最大）（人）		—	4,525,949	—
	閉じ込めにつながりうるエレベーター台数（台）		21,456	21,574	22,426
	自力脱出困難者数（人）		35,049	30,903	31,251
	災害廃棄物（万t）		2,950	2,978	3,164

約2400社、工場の数は約2万7000所で、就業者は800万人を超える。これだけの機能はもちろん100年前にはなかったものだ。

東京都は2022年5月に公表した首都直下地震の被害想定で、直接被害額を21兆5640億円としている。だが、これは建物やインフラなどの直接的な経済被害だけを推計したもので、企業の生産活動やサービスの低下といった間接的被害を含めれば、日本の国家予算に匹敵するダメージを受ける可能性がある。都内総生産（名目）が110兆円を超える中で首都が壊滅的な状況に陥れば、日本経済の損失は計り知れない。

総人口の1割強にあたる約1400万人が暮らす巨大都市は、昼間の人口が200万人以上も増える。近隣県から東京に通勤・通学する流入人口は約290万人で、逆に東京から出る通勤・通学者は約50万人だ。首都の昼間人口は約1600万人に上る。

東京都は地震発生の時間帯によって都内にいる人々の活動状況が異なるため、想定される被害が異なる3種類の季節・発生時刻を設定。想定シーンとして「早朝」「昼」「夕方」に発生し得る被害を評価している。

都の試算によれば、首都直下地震が冬場の平日昼に発生した場合、職場や外出先から自宅に戻れない帰宅困難者は最大約453万人に達する。都内との往来をする人が多ければ多いほど、その数が増えるのが自然だ。東京駅周辺で約2万8600人、新宿駅周辺には約3万7500人が屋外に滞留し、駅付近に集まると考えられる。鉄道の運行停止や交通麻痺が長期化すれば、混乱やストレスはさらに増すだろう。

国際都市としての課題もある。国土交通省の「空港管理状況調書」によると、2019年に我が国の国際線乗降客数は1億334万人だった。そのうち成田国際空港は33・6％、羽田空港は17・9％を占め、首都の〝玄関口〟で5割を超える。国際線貨物取扱量（2019年は373万トン）は成田が54・7％、羽田は15・0％だ。大地震で空路や物流がストップすれば、日本の人・モノ・カネは行き場を失う。

東京都の「観光客数等実態調査」によれば、2019年に東京を訪れた日本人旅行者は約5億4316万人、外国人旅行者は約1518万人だった。観光消費額はそれぞれ約4兆7756億円、約1兆2645億円だ。通勤・通学者の往来が旺盛な首都に国内外の観光客があふれる中、突如激しい揺れが襲ってくれば想定を上回るパニック状態が生じることは想像に難くない。

首都直下地震が恐ろしい理由の一つは、震源がどこになるのか想定しにくいことにある。国の中央防災会議は首都機能がダメージを受ける12のパターンを想定する。経済や政治、行政が直接的な被害を受ける「都心南部」「都心東部」「都心西部」の3つと、空港や高速道路、石油コンビナートなどの首都機能を支える「さいたま市」「千葉市」「市原市《いちはら》」「立川市《たちかわ》」「横浜市」「川崎市」「東京湾」「羽田空港」「成田空港」の直下で起きる9つのパターンだ。どこで発生するのかによっても被害は大きく変化する。

関東平野は厚い堆積物に覆われ、地下に活断層があっても見つかっていない可能性が指摘されている。京都大学の河田惠昭名誉教授（都市災害）は「活断層がどこにあるのかわからず、どこが揺れるかはわからない」と警鐘を鳴らす。

発生する時間帯や季節、震源エリアによっても被害が変わる首都直下地震。高層ビルやタワマン、大型商業施設が林立する巨大都市に変貌を遂げた首都の被害は、はたして「想定の範囲内」にとどまるのだろうか。

東京湾封鎖

堅強に見える首都には、巨大都市ゆえの〝弱点〟もある。都市災害の課題をキーワードとともに見ていけば、それを理解できるはずだ。最初のキーワードは「港」である。

日本は衣食住で資源の多くを輸入に依存している。食料自給率（カロリーベース）は4

割以下にとどまり、エネルギー資源である原油は中東地域にほとんどを頼る。2022年の急速な円安進行で物価が上昇したのは記憶に新しい。貿易の約9割は港経由だ。では、首都を大地震が襲来したとき、我が国の輸入は守られるのか。

東京湾中央航路は、日本経済を支える大動脈として一日あたり約200隻強の中・大型船舶が航行する世界有数の海上交通過密海域だ。港湾で取り扱う貨物は全国のコンテナ貨物の約4割、原油輸入量の約3割、LNG（液化天然ガス）輸入量の約5割を占める。東京湾が大地震に襲われたとき、湾岸部のコンビナートに危機が迫る。

日本地震工学会の会長を務めた早稲田大学の濱田政則名誉教授は危機感を強める専門家の一人だ。東京湾岸をはじめとするコンビナートは、埋め立て地が揺れた場合、重油や原油タンクから漏れが生じ、燃えたり海に流出したりする危険がある。

東京湾沿岸の埋め立て地には、大型タンクにみられる「浮き屋根式」が約600基ある。これらに巨大地震の長周期地震動が生じた場合には、「スロッシング」と呼ばれる現象が起きる。コップを揺らすと中の水が揺れるのと同じだ。南海トラフで巨大地震が連続発生するという条件でシミュレーションをしたところ、約600基のうち約1割のタンクの中にある油が揺動により流出する可能性があるという。東京湾の埋め立て地は液状化によって耐震化していない防油堤や護岸が破壊されることも考えられる。

大地震が起きた場合、他府県や海外からの救援物資と人員を海上輸送し、緊急対応や復旧・復興活動の拠点となる国の施設「基幹的広域防災拠点」が神奈川県川崎市の東扇島《おうぎしま》地区にある。しかし、東京湾に大量の重油や原油が流出すれば、通行不能になって海上交通がストップする事態が予想される。

復旧まで約2週間と仮定すると、その間の物流は途絶え、エネルギー供給が麻痺する危機的状況を迎える。東京湾岸には9ヵ所のLNG火力発電所が稼働中で、濱田名誉教授は「海域の安全性は防災の盲点だ」と指摘する。

2003年の十勝沖地震の際、北海道・苫小牧《とまこまい》で2基のタンクが炎上。長周期地震動によってタンク内の油が揺動を起こし、表面に被せていた浮き屋根が跳ね上がって落下し、火災が発生したと見られている。東日本大震災発生時にも仙台港や東京湾で大規模なコンビナート火災が発生した。仙台港は重油貯槽が破壊されて炎上し、流れた重油が津波で河川を逆流して住宅地にも押し寄せた。東京湾岸は揺れによりLPGタンク17基が爆発や炎上し、鎮火したのは発生から10日後だった。

東日本大震災以降、国は自治体とともに強靱化推進事業としてコンビナートの地盤対策や護岸の耐震化などを進めてきた。しかし、東京都が把握する岸壁では対象の半分に当たる24ヵ所が未整備（2021年4月時点）。全国で大地震が警戒される地域にある民有護岸では14施設（2022年末時点）が今後の対策を必要とする。東京湾岸がどこまで地震の揺れに耐えられるのか検証が必要と見る濱田名誉教授は「地震によって東京湾に油が流出したら、少なくとも2週間は湾を封鎖せざるを得なくなる。全国の物流が止まり、エネルギーが不足し、経済的損失は計り知れない」と警告する。

巨大地震の襲来で空路が絶たれ、高速道路も寸断されれば、海からも空からも、陸からも物資は入ってこない。大消費地である首都圏の弱点は、全国に波及する。さまざまな物品の供給がストップすれば、各地で「買い占め」騒動が起きる可能性がある。東日本大震災の際にもコンビニやスーパーの生活必需品が品切れ状態となったことを覚えている人は多いはずだ。被害が広範囲に及ぶ南海トラフ巨大地震では、その混乱を上回るのは間違いない。

企業の本社機能が集中する首都で物流が止まり、電力の供給不足から広範囲が停電したり、水道管の損壊で断水が続いたりすればダメージは計り知れない。首都直下地震や富士山の噴火が同時期に発生する「大連動」が生じれば、日本の広範囲で企業や工場がほぼストップすることになるだろう。機能不全になった分をどこで、いつまでに、どのように補うのか。国家の総力をあげて真剣に考えるべき時を迎えている。

「7秒」が生死を分ける

次のキーワードは「揺れ」である。あなたは7秒間あれば何ができるだろうか。五輪で金メダルを狙うような世界トップレベルの陸上競技選手であれば、70メートルほど走ることができるタイムかもしれない。だが、陸上トラックのスターターが不在で、前兆もなく自宅から「走れ！」と言われたら、さすがの彼らでも、すぐに反応することは難しいはずだ。

今後30年以内に70％という高確率で起きると言われる首都直下地震。「内陸直下の地震」が怖いのは、前兆もなく突き上げるような縦揺れが始まる点にある。「ドドーン！」と激しい縦揺れが起きるのとほぼ同時に大きな横揺れが続き、家が倒壊するまでの時間はわずか「5～7秒」。つまり、震源近くであれば緊急地震速報も間に合わないスピードで襲いかかってくるのだ。

それは同じ震度7であっても、起震車（地震体験車）の横揺れが徐々に大きくなるものとは異次元の衝撃となる。足元が震源の強烈な揺れは、立つことも、這うことさえも許さないだろう。トップアスリートも身を屈めるのがやっとのはずだ。

最近の「内陸直下の地震」は、1995年の兵庫県南部地震（M7・3）、2004年の新潟県中越地震（M6・8）、2016年の熊本地震（M7・3）、2018年の大阪府北部地震（M6・1）が知られる。2023年2月6日にトルコ南部のシリア国境付近で起きた地震（Mw7・8）は世界最大級の「内陸直下の地震」で、発生9時間後にもMw7・5の地震が起きている。

トルコ・シリア大地震が発生したのは現地時間の午前4時17分だ。多くの人々は就寝中のため逃げる間もなく、倒れた建物の下敷きとなった。

日本から派遣された国際緊急援助隊の救助チームに参加したメンバーは真冬のトルコで被災者の救助活動にあたった。ミッションは「一刻も早く救命・救助する」「住民に寄り添う」ことの二つだ。一見すると、どこにあっても同じように思える任務だが、現地での活動をスタートさせると二つのミッションが相反するように感じたという。

その理由は、あまりに多い倒壊建物からの救出の難しさにある。隊員たちはトルコ当局の情報に基づき、折り重なるように崩れた建物の中から生存者を発見する作業を始めたものの、瓦礫を取り除きながらの活動は困難を極めた。さらに、日本の国旗を胸にした隊員は行く先々で被災者から「あそこに家族がまだ埋まっている」「お願いだ。助けてくれ！」と懇願され、優先順位をつけざるを得ない厳しい現実と向き合う。

東京消防庁から派遣された救助課の早坂誠消防司令長は帰国後、「陸路で300キロ以上移動したが、道中でも倒壊した建物が数多くあった。地震の規模の大きさや被害の範囲の広さを痛感した。日が暮れるとマイナス5度程度まで冷え込み、被災者にとっても厳しい環境だった」と過酷な現場を振り返っている。

だが、日本で初めて震度7を観測した「内陸直下の地震」の阪神・淡路大震災では、地震を直接の原因として死亡した約5500人のうち8割は、倒壊した住宅の下敷きとなった窒息・圧死だった。

「内陸直下の地震」の震源に近いエリアでは、急に地面に対して垂直方向に生じる初期微動（P波）の「縦揺れ」とほぼ同時に、主要動（S波）の「横揺れ」が起きる。もともと建物は横からの力に弱く、建物倒壊を引き起こしやすい。

では、地震で倒壊した住宅はどこに問題があったのか。木造住宅の耐震化について研究を続けてきた東京大学の坂本功名誉教授は「答えは、壁だ」と指摘し、地震の揺れには「耐力壁」で対抗すべきだという。建物を横から押すように働く水平の力に対して壊れなければ、基本的に地震でも崩れることはないというわけだ。そのためには壁をバランスよく配置し、「箱」のようなものをつくるのが正攻法の考え方とする。

2005年、国は兵庫県三木《みき》市に実物の住宅やビルを揺らして倒壊する様子を再現する世界最大の耐震実験施設「E－ディフェンス」を設けた。坂本名誉教授ら研究者が全国から集められ、縦20×横15メートルの震動台に旧耐震基準仕様の木造住宅2棟を並べ、水平の前後、左右、上下の3次元の揺れを再現した。1棟は揺れで1階部分が大きく傾き、2階と屋根の重さによって1階を潰して5～7秒で崩壊。2棟のうち工費110万円超で筋交《すじか》いや壁の増設などの耐震補強を施した別の1棟は倒れなかった。

木造住宅には1950年の建築基準法施行とともに一定量以上の「耐力壁」を設けないといけない「壁量計算」が設定された。さらに阪神・淡路大震災の被害の状況を受けて、国は2000年に「耐力壁」をバランスよく設置するよう、「四分割法」を定め、柱の種類に合う適切な金物を具体的に示した。「四分割法」では建物の各階を東西、南北方向の長さに4等分して外壁部分から4分の1の部分を対象とする壁量の計算方法を明確にした。

ただ、2016年の熊本地震でも1981年以降の「新耐震基準」の木造住宅で揺れによって柱が土台から浮き上がって抜け、2階が落下して崩壊するという被害が出ている。坂本名誉教授は「1981年から2000年までの19年間の木造住宅は柱の足元が止まっていないかもしれない。確認が必要」と警告する。

では、首都直下地震はいかなる被害をもたらすのか。東京都が想定するのは都心南部で午後6時に起きる最悪のケース（M7・3）で、阪神・淡路大震災の2倍にあたる約20万戸が揺れ・液状化・火災で全壊し、6148人が犠牲になるというものだ。全壊する建物の約8割は1980年以前の「旧耐震基準」に基づく古い住宅とみられる。

東京都内に239万1900戸ある木造住宅（2020年時点）のうち、1981年より前に建てられた旧耐震基準の住宅は53万6400戸、1981年以降2000年までに建てられた住宅は88万7800戸、2001年以降は96万7700戸ある。

大地震の襲来で慣れ親しんできた自宅が崩れるのは、誰でも悲しいことだ。だが、命がなければ建て直すことも、移住してやり直すこともできない。たとえ、家を失っても生き抜くことが大切なのだ。7秒間で自宅から逃げたり、身の安全を確保したりすることが難しいと思えば、最低限の防衛策は自分でとらなければならない。その時に何ができるのかを考えるよりも、「その時まで」に何をすべきかを真剣に考えておく必要がある。

揺れやすい地盤とは

あなたは、自分が暮らしている地域がどのような地盤にあるか知っているだろうか。マイホームを建てた経験のある人は「ここは地盤がしっかりしているから大丈夫」「ちょっと心配だから杭を打っておいた方がよい」といった声に耳を傾けたことがあるはずだ。いかに丈夫な建物が建てられたとしても、それを支える地盤が弱ければ被害が増大するリスクは高まる。世界有数の「地震大国」である日本では地盤を知ることは重要と言える。

地震が起きたとき、軟弱な地盤と硬い地盤では被害に大きな差が生じることがある。その理由は、震源からの距離や地震の規模に加えて、地盤の硬さで揺れの大きさが左右されるためだ。地盤が硬い山間地は地下を伝わってくる地震波の増幅が少ないが、平野や盆地の軟弱な地盤では地震波が表層で増幅し、一般に揺れが大きくなる。標高が低い低地の「揺れやすい地盤」は足元が不安定であり、地震による破壊力が増幅するリスクを抱える。

2021年10月7日の千葉県北西部地震では、2011年3月の東日本大震災以来10年ぶりに首都圏で最大震度5強が観測された。東京都内で唯一、「5強」となったのは足立区だ。無人運転の「日暮里《にっぽり》・舎人《とねり》ライナー」は舎人公園駅付近で脱線し、負傷者が出ている。関東学院大学工学総合研究所の若松加寿江研究員が調査したところ、脱線場所は1975年頃に池が存在していたことが判明したという。

埋め立てられたような土地は、地震の揺れだけでなく、液状化にも注意が必要だ。市域の7割超が埋め立て地である千葉県浦安《うらやす》市は東日本大震災で住宅の液状化被害が8700棟に上った。全国的にみても埋め立てられた場所では液状化による被害が後を絶たない。

東京都が公表した「都心南部直下地震」の被害想定を見ると、東京都内で全壊棟数、死者数、負傷者数ともに最多なのは、23区の北東部にある足立区だ。荒川と隅田川に挟まれる千住《せんじゅ》地区などは平坦な低地で、泥と砂が堆積した軟らかい地盤であるため、

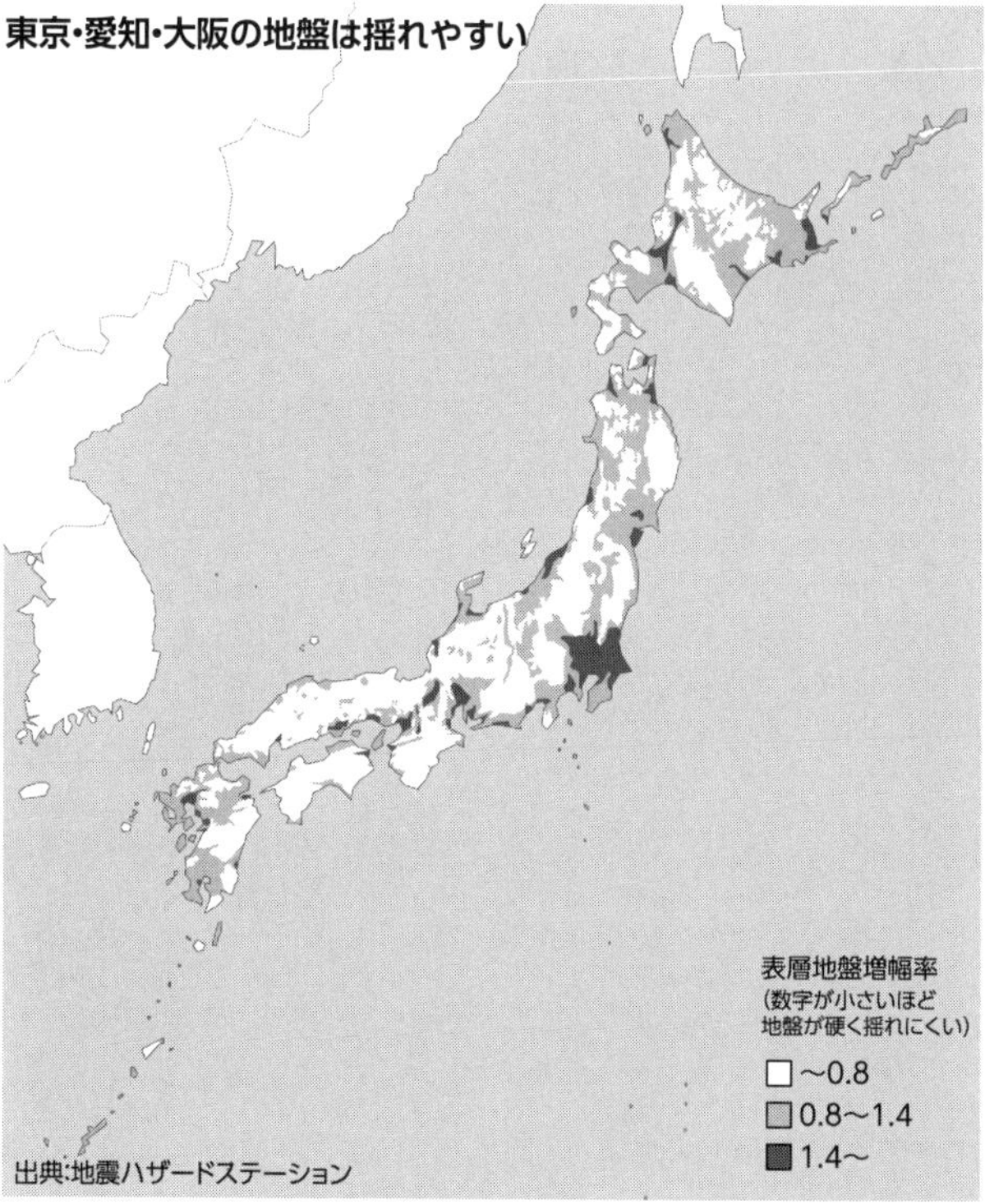
東京・愛知・大阪の地盤は揺れやすい
表層地盤増幅率
(数字が小さいほど
地盤が硬く揺れにくい)
〜0.8
0.8〜1.4
1.4〜
出典:地震ハザードステーション

地震の揺れが増幅しやすいと言われている。

足立区を含めた江東区、江戸川区、墨田区、葛飾区の5区は全域が低地で、一部では地表面の海抜が満潮時の海の高さよりも低い「海抜ゼロメートル地帯」になっている。前出の若松研究員は「低地の中では地下が埋没谷になっていて川や海が運んだ軟らかい土砂で埋められている谷筋は一般に揺れやすい。首都圏で言えば、葛飾区から足立区を経て埼玉県三郷《みさと》市に続く約400年前に利根川が流れていた低地（一般に中川低地と呼ばれている）と、足立区・荒川区・北区を経て埼玉県川口市に続く荒川に沿った低地（荒川低地）が危ない」と分析する。

埋没谷の谷筋は100年前の関東大震災の震度分布図を見るとわかりやすい。関東大震災で震度6弱以上だったと推計される場所は、震源域内にある神奈川県や房総半島南西部を除くと、前述の中川低地と荒川低地に分布しており、2021年10月の千葉県北西部地震で震度5強、5弱を観測したエリアとも一致している。揺れやすい地盤は100年経っても変わっていないのだ。

さらに遡って今から約560年前、室町時代の1460年頃に描かれた絵図には、現在の東京・台東区千束《せんぞく》や上野不忍池《しのばずのいけ》の付近、水道橋・飯田橋、文京区白鳥橋《しらとりばし》、港区の溜《ため》池《いけ》山《さん》王《のう》駅の周辺、麻布十番から古川橋には沼地がある。日比谷付近は入り江になっている。これらの沼地や入り江だった場所は、関東大震災でも住家全壊率が際だって高くなっている。日比谷入り江は、１６００年代に埋め立てられ大名屋敷となったが、現在の日比谷公園はかつての入り江のど真ん中にある。東日本大震災のときには日比谷公会堂付近が陥没した。埋め立てから４００年近く経っても地盤が軟弱であることには変わりがないのだ。

　地震による被害を左右する地盤を知ることができるサービスは、インターネット上でも展開されている。たとえば、全国労働者共済生活協同組合連合会（全労済）の「お住まいの地盤診断サービス」は、地盤の強さや液状化、浸水の可能性といった災害リスクを地図から確認することができる。この「地盤サポートマップ」で気になる土地の住所を入力すると、検索した地点の標高や地形、地質といったデータが表示され、避難所までの距離や地震時の揺れやすさ、浸水や液状化、土砂災害の可能性などを知ることができる。地盤の強さが簡単に調べられるのは便利で、地震による揺れやすさの目安を把握できる。

　国土交通省が公表する「ハザードマップポータルサイト」（https://disaportal.gsi.go.jp/）

には国や自治体が公表する全国の最新のハザードマップが掲載されている。自然災害は単独で起きるとは限らない。このサイトでは住所検索で洪水、土砂災害、高潮、津波など、複数の災害リスクを重ね合わせて表示することができる。

自分の暮らすエリアの地盤や災害リスクはどうなのか調べておくことをオススメしたい。足立区では2023年4月から3年間限定で地震対策の助成金を大幅に拡充するなど各自治体も対策強化に乗り出している。まずは自分の「足元」をしっかりと見つめて自治体の情報も取り入れることが生き残るためには重要と言えるのだ。

「2倍」違う地盤の揺れ

2023年2月に起きたトルコ・シリア大地震のエネルギーは2016年に起きた熊本地震(Mw7・0)の16倍、1995年発生の兵庫県南部地震(Mw6・9)の22倍で、威力のすさまじさを物語る。マグニチュードは0・2増えるとエネルギーは2倍に、2増えると1000倍になる。地盤は広い範囲で2メートルも動き、地震による地殻変動は約400キロに達したという。

約6万人もの命を奪った世界最大規模の内陸直下の地震は、トルコの住宅やビルを次々に倒壊させ、パンケーキのように折り重なる悲惨な状況を生じさせた。人口の2割近い約1400万人が住まいを失い、150万人以上がテントでの避難生活を余儀なくされた。20万棟以上もの建物被害が生じた背景には、違法な建築や改築が横行し、耐震基準を満たさない建物も多かったと指摘されている。

では、日本で同じようなことは起きないのか。名古屋大学の福和伸夫名誉教授（構造一級建築士）は、「柱の強度」に注目する。激しい揺れで建物が倒壊したトルコでは「パンケーキクラッシュ」といわれる壊れ方が相次いだ。強い揺れで柱の強度が失われ、ほぼ垂直に潰れるものだ。

トルコと日本の耐震基準は変わらないものの、福和名誉教授は柱を支える構造が不足しているなど、基準を満たさない建物が多かったトルコと、日本の新しい建物は異なるとみる。柱に鉄筋を入れて粘る「靭性指向型設計」は建物を変形しやすくすることにより地震エネルギーを吸収する設計手法で強度が高く、逃げる間もなく数秒で全壊する「パンケーキクラッシュ」が起きる可能性は低いという。

ただ、〝弱点〟もあると指摘する。それは「異なる地盤」だ。たとえば、ビルを建設する際の耐震基準は原則全国一律のもので、地盤の揺れやすさの違いが十分に考慮されることはない。福和名誉教授は「下町の『揺れやすい軟らかい地盤』と山手の『硬い地盤』を比べると、揺れ方が倍も違う。しかし、どこに建てるにも建物の構造は同じ」と説明。さらに「東京都内のように人口密度が高いエリアでは、同時に被災する人が多いので本来ならば建物の安全性を上乗せしないといけない」と語る。

揺れやすい地盤にあり、1981年より古い耐震基準で建てられたビルやマンションなどは被害を受けやすく、要注意だというのだ。

東京都は条例で1983年12月31日以前に新築された6戸以上の分譲マンションに管理状況の届け出を義務付けている。2021年12月末時点の集計データによると、耐震診断は6割（385棟）が未実施、実施済みは3割（220棟）。そのうち5割が「耐震性なし」と診断されたものの、耐震改修済みのマンションは26％に留まっている。耐震改修を検討していない理由の上位には「改修費用がない」「改修に関する関心等が低い」「高齢化のため」などが続く。そのため、マンションの構造で特に危険とされる1階部分を柱だけで支えて駐車場などにするピロティ構造に対し、都は2023年度、耐震改修費用を補助する新制度をスタートさせている。

「これまで日本が経験していたのは多くが『田舎の地震』。首都直下地震は未曽有の都市型地震となる」。ビルの耐震を研究してきた福和名誉教授は、警鐘を鳴らす。「都市型」と言えば、１９９５年の阪神・淡路大震災が有名だ。ただ、あれから30年近くが経過し、ビルや商業施設、タワマンをはじめとする高層マンションは大都市を中心に急増している。初めて「新時代の都市型地震」が発生すれば、過去に経験のない被害が生じる可能性があるだろう。

日本で初めて高さ１００メートルを超える高層ビルが誕生したのは１９６８年だ。日本の首都に建設された「霞が関ビルディング」は、当時の最新技術を駆使し、50年以上経っても存在感を放ち続ける。

この高層ビルが建設される前、どのような地面の揺れ方が生じれば建物がいかなる揺れ方をするのかが研究された。物理学で習う「ニュートンの運動の第2法則」にあるように、物体に力が与えられたときに物体がどれだけ加速するのかを分析したのだ。

物体は加速度を持って揺れているときには慣性力が働く。建物を横から押すように働く慣性力に対して、壊れないようにするのが基本になる。建物への横からの力は、「建物の重量×加速度」で計算され、地震によるダメージによってビルが潰れないように設計がなされた。

ただ、建物の流行りは時代とともに変化していく。福和名誉教授によると、過去は国会議事堂のようながっちりとした造りで、揺れに対して壁の強さで抵抗したが、現代のガラス張りのおしゃれなビルなどは「粘り」で抵抗するという。揺れが強度を超えても建物がすぐに倒れないよう「柱」で粘る。建物を変形させやすくしているため、ある程度構造的に損傷を受けることを前提としており、空間を確保し、人命を守る。

建物そのものが倒れなくても損傷によって〝空間〟が守られる「損傷許容型」に不安がないわけではない。新耐震基準の建築も損傷許容型が多く存在するが、地震によるダメージを受けた後にそのまま使い続けることができる保証はない。補強できるレベルか、解体するレベルか、ビルの構造を知る設計者でなければ、損傷後の安全性を判断できない点も大きな課題だ。

ビルが崩壊すれば、道路は塞がれ、救急車や消防車といった緊急車両の通行を妨げることにつながる。一刻を争う被災時に致命的とも言える問題だ。首都直下地震への対策を進める東京都は、耐震改修促進法に基づき、「旧耐震」で建てられた特定緊急輸送道路沿道の建築物や避難上配慮が必要な大規模建築物のうち、震度6以上で倒壊・崩壊の危険性がある建物を2018年から公表している（https://www.taishin.metro.tokyo.

lg.jp/tokyo/topic06.html)。

ビルには耐震・改修工事に着手しているところも多いが、築50年以上が経過した建物が手を打たずにいれば、思わぬ事態を招くと見る専門家は少なくない。国交省の「避難路沿道建築物の耐震診断結果の都道府県別公表状況」（2023年3月31日現在）によると、避難路沿道建築物のうち倒壊又は崩壊する危険性が「低い」建築物の割合は、東京都42％、大阪府26％、神奈川県25％、愛知県22％で、危険性が「高い」または「ある」建築物が多く残されていることがわかる。今から70年以上前に考えられた建築基準法には「建築基準は最低基準」と明記されている。南海トラフ巨大地震や首都直下地震の発生が高確率で予想される中、耐震基準は全国一律のままでよいのか。住み続けられ、使い続けられる建物が望まれる。揺れ方が倍も異なる地盤の特性を踏まえた対策と準備が求められている。

火の海の恐怖

3つ目のキーワードは「密集」である。巨大地震発生時に警戒すべきは、激しい揺れによる建物倒壊や大津波の襲来だけではない。同時多発的に起きる火災もその一つと言える。東京都が2022年5月に公表した首都直下地震の被害想定は、最大約11万8000棟で火災による被害が生じ、2482人が犠牲になるとしている。とりわけ注意が必要なのは「木密《もくみつ》」だ。

戦後の復興から高度経済成長期にかけて市街化が急速に進んだ人口の多い都市部には、木造住宅が密集する木造住宅密集地域（木密）が多くみられる。国土交通省は2021年3月に閣議決定された「住生活基本計画」で著しく危険な密集市街地を解消するとしているが、地震発生時に火災が燃え広がる危険性が高い「危険密集市街地」は全国に2219ヘクタールある。

木造住宅が軒を連ねる地域は、道路や公園などの都市基盤が不十分なことに加え、消防車や救急車といった緊急車両の進入が困難なところも少なくない。東京都は延焼を遮断する道路整備や老朽化した住宅の撤去、建て替え支援などを進め、市街地の燃えにくさを示す指標「不燃領域率」の平均は東日本大震災直後の58・4％から約10年間で65・5％に改善した。だが、延焼の危険性がほぼなくなるとされる7割には届いていないのが実情だ。木密地域の課題は首都の弱点にもつながる。

東京消防庁が震災時の火災発生危険性をおおむね5年ごとに評価している「地域別

木造住宅密集地域は中央・東側に多い

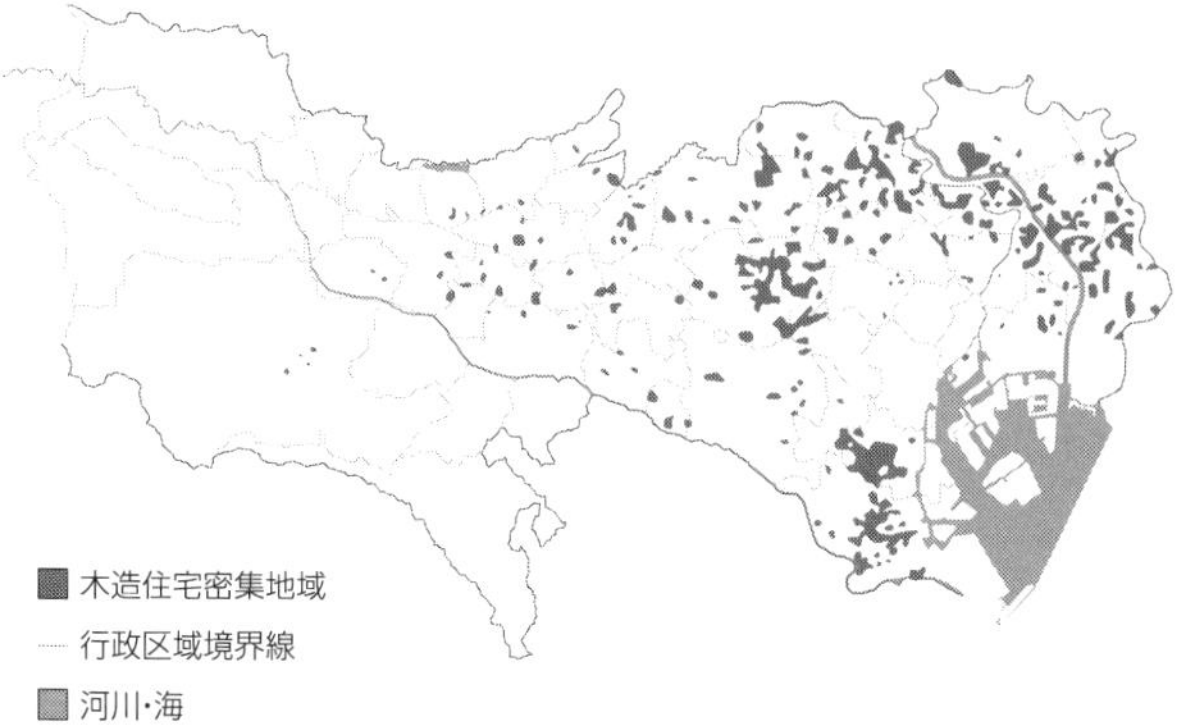

出典：東京都「防災都市づくり推進計画」

出火危険度測定」によれば、地盤が軟弱で地震時に揺れやすい東京23区の東部で総合出火危険度が高い。なかでも繁華街が目立つ台東区から中央区、港区北部、木造住宅の密集が著しい墨田区、江東区、荒川区で出火危険度が高かった。同庁が消防隊や住民による消火活動を考慮せず、墨田区京島地区で同時に4件の火災が発生したシミュレーション（震度7・風速8メートル）を実施した結果、延焼により6時間後には8万6352平方メートル、東京ドームおよそ2個分の面積が焼失すると試算された。

　東京都による首都直下地震の被害想定では、最も被害が大きい「都心南部直下地震」が冬の午後6時に発生した場合には都内の総出火数が915件に上り、そのうち初期消火ができずに623件が炎上し、延焼していく。同時多発的に火災が発生し、さらに木密地域であれば消火活動も難しいのは言うまでもない。

10万人超が犠牲になった1923年9月1日の関東大震災で、被害を拡大したのは火災だった。東京の焼失面積は約35平方キロ近くに達し、全体の約9割が火災によって命を失った。1995年1月17日の阪神・淡路大震災では地震発生直後に火災が同時多発的に起き、住宅密集地域を中心に7036棟が全焼した。

1980年に東京消防庁がまとめた『東京の消防百年の歩み』には、関東大震災発生時の悲惨な状況がこのように記されている。

「家屋は一瞬にして倒壊し、その下敷きとなって死者や傷者が続出し、たちまち市内は阿鼻叫喚の場と化した。しかもなお余震が続き、人々は、ただただ身の安全を求めて右往左往するばかりで、なすすべを失い、ちまたは恐怖の極限状態を呈した。

倒壊した家屋から火の手があがっても、人々は、激震におびえて消火活動がとれず、また水道管は破裂して用をなさず、発生した火災はたちまち紅蓮の炎となって地をなめ天を焦がしていった」

当時、道路は避難と家財を運ぶ人々で埋まり、橋脚も焼け落ちて通行不能だったという。火災は地震発生の2日後、9月3日まで約46時間にわたって続き、旧東京市の43%が焼失した。

東京都に住む田中雄司氏は、幼い頃に聞いた祖父の話を忘れない。関東大震災の発生時、急いで広場になっていた被服廠跡に逃げようとした祖父母は、隅田川にかかる橋の手前で警察官に止められた。「これ以上、行ってはダメだ」。後に被服廠跡は火の海となり、3万8000人が亡くなったことを知る。このおかげで祖父母は命が救われ、田中氏の誕生につながった。

人生の三大支出にも数えられるように、住み慣れた自宅を変えることは簡単なことではない。だが、自分が暮らす地域は防災の観点からどうなのか、大規模火災が発生したときにはどこに、どのように逃げるべきなのかを今からでもチェックしておくことが生き抜くために重要と言える。

消火の限界

大地震がいつ襲来するのか誰にもわからない。自分がいかに火元に気をつけていても、隣近所からの延焼があれば我が家を失う。地震発生時には火災への対応が生死を左右するといってもよいだろう。一般の住宅では、建物や室内の状況によってはすぐに延焼が拡大し、2〜3分で初期消火ができなくなる場合もある。初期消火で重要になるのは「わずか数分」だ。

地震で被害を受けた建物は、露出した柱や木材が燃え草となって、屋内の衣類やカーテン、本など燃えやすいものに火がつくとすぐに燃え上がり、平時より延焼スピードが加速する可能性がある。家は窓ガラスが1枚割れただけでも外への開口部ができて、隣家から火の粉や吹き出した炎が入りやすい。木造住宅の内部では火災時には温度が1200度にも上昇し、3メートル離れた隣家でも840度に熱されるという。

地震発生直後の火災原因は、コンロの火や石油ストーブが倒れることなどによる直接的なものだけではない。1995年の阪神・淡路大震災では、電気コードが断線し、ショートして火花が飛んで着火したり、停電していた電気が復旧した際に電気器具等から発火する「通電火災」など電気火災が60%だった。地震発生から15分で全出火数285件の30%が、その後の2時間で20%が出火した。

地震が起きたときに電気のブレーカーを落とさずに避難してしまうと、停電から復旧した際に、誰もいない家でもスイッチが入ったままだったストーブが過熱してカーテンなどに燃え移ったり、強い揺れでコンセントが半分抜けていて通電時に火花が飛んで着火することがある。現代では「通電火災」は巨大地震発生時の大きな課題だ。

２００４年の新潟県中越地震や２０１６年の熊本地震の発生時には、電力会社が地域ごとに停電から復電する際に通電確認を行った。復電の知らせが届いた住民は自宅に帰って事業者とともに復電前に異常がないか確認し、通電火災を防いでいた。しかし、首都直下地震が襲来したときにこうしたきめの細かい対応ができるのか不安視する専門家は少なくない。都市災害に詳しい東京都立大学の中林一樹名誉教授は「被災者の数がケタ違いの東京で、どこまできめ細かく地域ごとにすべての居住者が同じ日時に自宅に戻り、各々の住宅で事業者と連携して通電確認を行うことができるか」と疑問を投げかける。

こうした通電火災を防ぐためには、別の方法もある。それが「感震ブレーカー」の設置だ。価格や種類はさまざまだが、強い地震を感知すると自動的にブレーカーが落ちたり、通電を遮断したりする装置だ。

東京消防庁には、阪神・淡路大震災で応援に向かったときの苦い教訓がある。道路の倒壊による通行止めや停電で信号が停止するなどの影響から被災地で生じていた大渋滞に遭い、緊急車両であるにもかかわらず現地到着が思うように進まなかったことだ。さらに瓦礫やブロック塀、電柱が障害となり、火災現場に近づくこともできなかった。地震発生後の神戸市では全域で断水し、防災貯水槽も地震でひび割れて水が漏れてしまい、燃え広がる炎を前に「水がない」という想定外の事態も生じている。

目の前で出火した際、自分で消火できる限界は「炎が天井に到達するまで」といわれる。中林名誉教授は「地震のときはいくら119番に電話してもつながらない。つながっても消防車はすぐには来られない。火元にいる人はすべて、初期消火に全力を注いでほしい」と話す。家庭用消火器が機能するのは粉末タイプで約15秒、強化液タイプで約30秒から1分強だ。「火事だ」と大声で近隣に知らせ応援を呼ぶことも重要だ。消火器がなければ、濡らしたバスタオルを火元に被せ水をかけることでも消火できるという。しかし、もちろん、炎が目の高さまで達したら、たちまち天井に届き、家全体に燃え広がる危険があるため、躊躇せずに逃げることが最優先となる。逃げる際には延焼している部屋のドアを閉めると、廊下に煙が流れず逃げる際にパニックになりにくい。マンションのドアは防火扉なので、必ず閉めて避難すること。隣室への延焼も防げる。

建物の外に出た後は、いち早く避難場所に避難しよう。なぜなら、避難中に別の火災に巻き込まれる危険性があるからだ。火災は風下に向かって扇状に広がっていくため、逃げる方向は風下を避け、火災の横方向「風横」に出てから風上方向に逃げることが大事である。しかし、住宅やビルが密集した地域では遠くが見通せず、また同時多発なので風上が別の火災の風下になることが起こり得る。行く手に別の火災があると逃げ場を失うケースもある。大都市では早めの避難が何より重要なのだ。2016年12月に新潟県糸魚川《いといがわ》市の市街地で147棟を焼いた大規模火災では、当初、風下側の地区公民館に避難していた住民が火災の拡大によって消防署の要請から安全な風上側の避難場所に集団で移動する二次避難が行われていた。中林名誉教授は「火災が拡がる最大の原因は、風が強い場合には特に離れたところに火の粉が飛び、新たな火災現場を作る『飛び火』の発生だ。避難場所に安全に行くために様々な避難ルートを知っておくことも大事」と警鐘を鳴らす。

阪神・淡路大震災で火災が襲ったのは、直後に出火した木密地域が多かった。発生が午前5時半だったため就寝中の人が多く、火気の使用が少ない時間帯であったことと、風も風速3㎧と弱く延焼速度が遅かったことから、地震の規模の割に火災被害は焼失も7000棟と少なかった。首都直下地震の東京都の被害想定では都心南部直下地震の場合、いずれも風速8㎧で、冬の早朝5時という阪神・淡路大震災と同じ時間帯と、夕食時にあたる18時のケースを想定したが、後者は全焼する建物数が前者の4倍になった。風速とは10分間の平均風速を指し、一般的に「瞬間最大風速」はその2倍近い値になることを考えると、さらに強風が発生すると延焼はさらに深刻になる。

政府の地震調査委員会で委員長を務める東京大学の平田直名誉教授は「地震の大きさ、発生時間帯、風の強さが違えば被害は変わる。阪神・淡路大震災は風が強ければ、被害はさらに大きかった」とする。

長い歴史を振り返れば、人類は火を手にしたことで多くの発展を遂げてきた。しかし、ひとたびコントロールできなくなれば、それは命も何もかも奪う「諸刃の剣」でもある。グラッと感じたときには、建物の倒壊とともに火災に注意を払い、まずは逃げ道を確保することが重要となる。

命の「72時間」

4つ目は、人命救助のキーワードとして知られる「72時間」だ。生死を分けるタイムリミットとされ、この時間を救急隊員や医療従事者らは意識する。ただ、大地震の襲来時には医療機関に到着しても試練がある。医師や病床不足から治療が間に合わず死に至る「未治療死」の発生だ。単に〝奇跡の救出〟として終わらないためにも、災害医療体制や広域搬送のあり方を検討しておく必要がある。

1995年の阪神・淡路大震災。国土交通省近畿地方整備局のまとめによると、発生当日の1月17日に救出された692人の生存率は74・9%で、4人に3人が助かった。だが、翌18日の生存率は24・2%で、3日目（19日）になると15・1%にまで減少している。4日目（20日）はわずか5・4%だ。「24時間」で生存率は急激に下がり、「72時間」を超えると極めて低くなることがわかる。

2023年2月に発生したトルコ・シリア大地震（Mw7・8）では、発生から100時間を超えて救出されるシーンがみられた。だが、日本医科大学付属病院高度救命救急センターの布施明教授は「わずかな隙間が身体を潰さずに生き残った『幸運に幸運が重なった』ごくまれなケースだ」と指摘する。生存者に子どもが目立つのは体が小さいため、わずかな隙間でも生き延びる可能性があるとされる。

阪神・淡路大震災は、家族や近所の人たちが人命救助に大きな役割を果たしたといわれる。内閣府によると、地震で倒壊した建物で約3万5000人が生き埋めとなり、その8割近くが家族や近所の人々に救出された（うち8割生存）。消防や警察、自衛隊による救出は約2割だ（うち5割生存）。

震源に近い淡路島・北淡《ほくだん》町（現・淡路市）は震度7を記録し、倒壊した家屋に巻き込まれた人も多かったが、付近の住民が瓦礫の下から約300人も救出し、地震発生当日の夕方には行方不明者がゼロとなった。

こうした教訓から2011年の東日本大震災発生時は、自衛隊の大規模投入が行われている。2012年の「防衛白書」で自衛隊が救助した人と派遣隊員の数を見ると、発災当日3月11日に派遣された隊員は8400人で、救助したのは8202人。翌12日は隊員3万人を投入し、6362人を救出した。3日目（13日）は6万1000人に対して3944人だ。4日目（14日）は6万6000人が投入されたものの、465人にまで低下している。

一方、「72時間の壁」を乗り越えて生存できたとしても試練が待ち受ける。医療機関に着いた後、医師や病床が間に合わず死に至る「未治療死」だ。布施教授らが実施した首都直下地震が発生した際のシミュレーションによれば、重傷者を約2万1500人とした場合、約3割は治療を受けられずに亡くなるという。「未治療死」の9割近くは東京23区の東北部医療圏（荒川、足立、葛飾）と東部医療圏（墨田、江東、江戸川）で、木密地域に集中していた。

細い路地に木造住宅が倒れ込めば、消防車や救急車が通る道を塞ぐ。地震で火災が発生した場合、消防車による消火後になって初めて災害医療は現場に入ることができる。布施教授は「医療にできることは限界があり、医療機関が被災すれば、さらに厳しい状況になる。重傷者数を3分の2くらいに抑え込めると、試算上は未治療死がなくなる」としている。

東日本大震災の際には、福島県いわき市でライフラインが寸断され、一人あたり1回約200リットルの水と電気が1〜2日おきに必要となる人工透析治療が困難になった。患者約400人はバス21台で東京都内に移送され、医療機関で治療している。こうした広域搬送の対象として、布施教授は重症熱傷患者を想定すべきと指摘する。

各病院の救急は重症熱傷患者を多数受け入れた場合、他の患者を治療する能力が失われるため、被災地の負荷軽減の観点からも広域搬送のあり方を検討する必要があるという。救えた命を失わないために、私たちはいま何を考えるべきなのか。

2020年からの新型コロナウイルス感染拡大時に見られたように、感染症が蔓延して医療機関がパンクしたときに大災害が発生すれば、医療資源を十分に割くことは難しくなる。首都直下地震に加えて、南海トラフ巨大地震や富士山噴火が起きる「大連動」が生じれば、医療従事者が他の支援に回ることも困難だろう。

国や自治体ができること、医療機関がすべきこと、一人ひとりが考えておくことを整理し、大災害時の医療提供体制を見つめ直すことが求められている。

危険なブロック塀があなたを襲う

5つ目のキーワードは「塀」である。防犯やプライバシーの確保などを目的に敷地を囲む塀は、巨大地震の発生時に倒壊すれば「凶器」になる。法令に適合しないコンクリートブロック塀は大地震のたびに崩れ、その下敷きになって死傷する事故が相次いできた。首都直下地震や南海トラフ巨大地震に備えるならば、自宅の境界線や通勤・通学路、避難路などにある塀をもう一度、安全確認した方がよいかもしれない。

大地震によるブロック塀などの倒壊被害は後を絶たない。１９７８年の宮城県沖地震ではブロック塀や門柱が倒壊し、18人が犠牲となった。２００５年にも福岡県西方沖地震で塀が倒れ、１人が命を失っている。危険なブロック塀は地震の揺れに脆く、崩れる。最も危ないのは古い壁の上にブロック塀を増設した場所で、頭上より高い地点からコンクリートの塊が頭に降ってくるケースだ。

２０１６年の熊本地震の際は、所有者の自宅敷地の境界線付近に設置されたブロック塀が前震で倒れ、下敷きになった29歳の男性が亡くなり、１人が負傷した。２０１８年の朝に起きた大阪府北部を震源とする地震では、大阪府高槻《たかつき》市の小学校でブロック塀が倒壊し、登校中の小学4年生の女児が亡くなっている。高さ約１・９メートルのプール基礎擁壁に１・６メートルのブロック塀を積み上げており、建築基準法施行令に違反していたという。

ブロック一つの重さは、厚さが10センチならば約10キロだ。建築基準法は構造基準を定めるが、それを満たさない古いブロック塀は強度が弱く、倒壊の危険が高まる。一般社団法人「全国建築コンクリートブロック工業会」のウェブサイトを見れば、法律の基準を満たした塀と、満たさない塀の違いを見ることができる。

ウェブサイトに掲載されている動画は、1995年の兵庫県南部地震と同じ震動を塀に加えた実験の模様だ。鉄筋が不足した「不適格な塀」と、配筋（鉄筋）や控え壁が「正しく施工された塀」を振動させると、「不適格な塀」は揺れが生じてからすぐに崩れ、倒れている。

住宅や会社などの境界線を囲むブロック塀が倒壊し、人を傷つける事故が起きてからでは遅い。見えない部分の基礎や配筋などは外から見ただけでは判断は難しいが、自分の周りにあるブロック塀を改めて点検しておいた方がよいだろう。

国土交通省が示す危険ブロック塀のチェックポイントは、①塀は高すぎないか（地盤から2・2メートル以下か）、②塀の厚さは十分か（10センチ以上か）、③控え壁（塀に直交して突き出した壁）はあるか、④コンクリートの基礎があるか、⑤塀に傾き、ひび割れはないか、⑥塀に鉄筋は入っているか——の6点だ。これらの一つでも問題があれば「危険な塀」と考えられる。

自治体には「危険な塀」の撤去や改修を後押しする助成金制度を設けているところもみられる。東京都は2023年3月、ブロック塀などの補助制度に関する担当者連絡会議を開催し、安全対策の取り組みを共有した。たとえば、新宿区では通学路沿いのブロック塀約3000件、一般道路沿いの約7000件を調査。基準不適合のブロック塀所有者や管理者を建築士などが訪問し、安全指導を実施した。その結果、劣化や損傷が著しいブロック塀などが見つかり、2023年1月末時点で通学路の約300件、一般道路沿いの約790件は改善を図ることができたという。

法の基準を満たさない危険なブロック塀が倒壊すれば、地震発生時に避難路を塞ぐことになりかねない。日頃から通行する通勤・通学路に加え、いざというときの避難路になるエリアの塀は大丈夫なのか。傾きやひび割れ、高さや劣化度などの安全確認はしておきたいところだ。何より、ブロック塀の所有者が犠牲者を生む〝凶器〟となり得ることを認識し、責任を持って管理することが求められる。

帰宅困難者「450万人」そのときどうする

6つ目のキーワードは「帰宅難民」だ。大地震が襲来したとき、職場や外出先から自宅に戻ることができない「帰宅困難者」が行き場を失う。首都直下地震が発生した場合は約453万人にも達し、ターミナル駅や周辺は群衆による二次被害の危険性が高まることが都市災害の恐ろしさだ。発生時にむやみに移動することはリスクにつながる。命を守るためのキーワードは「72時間」だ。

２０１１年の東日本大震災で東京は震度5強の強い揺れを観測し、都心の一般道で大渋滞が発生した。鉄道がストップし、電話もつながらない不安の中で人々は自宅に向けて歩き続けた。

この年の10月に内閣府が実施した調査によると、首都圏の1都3県と茨城県南部に住み、地震発生時に自宅外にいた10〜60代のうち、約6割は「社内や学内」にいた。買い物などで外出中の人も約4割に上っている。ただ、「社内や学内」の約8割は地震が発生した3月11日のうちに会社や学校を離れていた。そのうち5割弱は午後5時台までに飛び出していることがわかる。

主な帰宅の手段としては「徒歩」が37％、「自らが運転する車」が22％、「鉄道・地下鉄」12％、「自転車」11％と続き、全体の7割はその日のうちに帰宅できたと回答している。だが、首都には通勤・通学で近隣県から約２９０万人が流入しており、前兆なく襲いかかる直下の地震が生じれば、混乱が増すのは間違いない。

東日本大震災の発生時、自宅までの距離が遠くて帰宅できなくなった人々は駅などに滞留した。新宿の都庁前には次々に人が集まり、その数は５０００人を超えている。

備蓄倉庫から毛布を集め、都庁舎内で受け入れたのだが、外出中で行き場のない人々を受け入れる一時滞在施設の確保は課題だ。当時の帰宅困難者は約515万人に達し、この年の新語・流行語大賞には「帰宅難民」という言葉がトップテンに入っている。

京都大学の河田惠昭名誉教授は、都市災害の本当の恐ろしさを認識している人がどれほどいるのかと疑問を呈し、「人口が密集した都市は、地震の揺れが起点となり、被害があらゆる方面に広がる。限界点を超えると、想像が及ばない『未知の災害』を引き起こす」と警鐘を鳴らす。それは、まるで水が100度を超えると水蒸気になり、氷点下になれば氷となるように、被害の現れ方も変化するのだという。

河田名誉教授が最も予測不可能なリスクとして挙げるのは「帰宅困難者」の存在だ。2020年からの新型コロナウイルス感染拡大が収まりを見せ、ようやく国内外からの観光客が首都を訪れるようになった。ただ、河田名誉教授は「東京に土地勘のない観光客が最も危険だ。いざというとき、どこが安全なのかわからないまま右往左往すれば、その集団が『第二の災害』を引き起こす」と警告する。

一気に大勢の人々がターミナル駅などに殺到すれば、群衆が雪崩を起こして大惨事につながることがある。韓国・ソウルの梨泰院《イテウォン》で2022年10月にハロウィンのため集まった若者らが狭い道に殺到し、自らの意思で動けず水の流れのように行ったり来たりする「群衆流体化」と呼ばれる現象が発生した。転倒が続いて数百人が折り重なり、159人が亡くなっている。日本でも2001年に兵庫県明石《あかし》市で花火大会の見物客が歩道橋上で転倒。群衆雪崩が起きて11人が死亡、247人が負傷している。

大地震の襲来時に多くの人々が一斉に帰宅することになれば、群衆雪崩といった「二次災害」に巻き込まれる危険性が高まる。さらに道路に人があふれて救急車や消防車といった緊急車両が通れなくなれば人命救助の妨げにもなるだろう。

東京都が2022年5月に公表した首都直下地震の被害想定によると、「12時」に襲われた場合の帰宅困難者が最大となる。東京都市圏内（東京、神奈川、埼玉、千葉、茨城）から都内に流入する人のうち、「帰宅困難」になる人は415万1327人と想定されている。「1都4県以外」は34万5324人、「海外」は2万9297人で、合計452万5949人もの帰宅困難者が予想される。

ただ、この想定は帰宅までの距離が「10キロ以内」の人は帰宅可能とされている。被災状況によっては大きく増加する可能性があるはずだ。主なターミナル駅で想定される滞留者（駅の2キロ四方の屋内外にいる人数）は「東京駅」が43万5632人、「新宿駅」

40万725人、「渋谷駅」20万3367人、「品川駅」17万4233人、「池袋駅」10万386人、「上野駅」9万7171人——などとなっている。

東京都は地震発生時の一斉帰宅による混乱を防ぐため、2012年3月制定の「帰宅困難者対策条例」に基づき発災時にはむやみに移動せず、職場や学校などで3日間待機するよう呼びかけている。3日間・72時間は人命救助のリミットとされる時間で、消防や救急の妨げにならないよう願うものだ。

駅名	駅周辺滞留者（人）		
	屋内滞留者	屋外滞留者	合計
東京駅	407,002	28,630	435,632
新宿駅	363,156	37,569	400,725
上野駅	80,873	16,298	97,171
品川駅	164,664	9,570	174,233
蒲田駅	51,141	5,995	57,136
渋谷駅	185,803	17,563	203,367
池袋駅	86,324	14,061	100,386
北千住駅	30,337	4,145	34,482
八王子駅	37,616	5,860	43,476
町田駅	31,538	6,066	37,604
立川駅	50,487	11,450	61,937
計	1,488,943	157,206	1,646,149

主要駅では数十万人が滞留（2022年5月、東京都防災会議）

事業者の取り組みとしては、必要となる3日分の水や食料などの備蓄が求められる。水は一人あたり1日3リットルで計9リットル、アルファ化米や乾パンなどの主食なら一人につき9食分、毛布は一人1枚が目安となる。学校側も児童・

生徒を施設内に一定期間待機させるなどを想定し、備蓄や安全を確保することが重要だ。

最大約453万人の帰宅困難者のうち、学校や職場などにいることができない買い物客や観光客らは約66万人と想定される。東京都は公共施設を一時滞在施設として活用するほか、民間事業者にも受け入れるよう促しているが、2022年5月時点での受け入れ可能人数は約44万人分にとどまる。

東京都は携帯電話の位置情報を活用し、帰宅困難者の流れをリアルタイムで把握しながら一時滞在施設までの分散を呼びかける新たなシステムを開発中だ。ただ、新型コロナウイルスのような感染症の拡大時には、受け入れ施設で症状確認や別スペースの確保といった課題も浮き上がる。想定外の対応も発生する可能性があり、都市災害のダメージをどこまで抑えることができるのかは見えにくい。

スマホがつながらない不安

7つ目のキーワードは「情報」である。今や触らない日がないと言えるほど、人々は連絡や情報収集ツールとしてスマホを利用している。通話は固定電話よりもスマホ、ニュースや映像を見るのもスマホ、という人は多いだろう。検索や地図の利用、学習や料金支払いにいたるまで世界中の人が用いるようになった。だが、あまりに便利なスマホがもしも使用できなくなったらどうだろうか。実際、それは大地震の襲来時に起きる。

２０１１年の東日本大震災発生時、一般通話は最大95％も制限された。警察や消防などの緊急通話を優先する必要があることに加え、２万９０００ヵ所の基地局が倒壊したり、蓄電池容量が枯渇したりしたためだ。ケーブル切断などで基地局機能は停止され、発生時には連絡・情報収集が思うようにできなかった。

スマホの世帯保有率は、２０１０年度に10％程度だったものの、２０２２年５月時点で約９割に達する。総務省によると、携帯キャリアは東日本大震災の発生後に移動電源車、可搬型発電機などを増強してきた。予備バッテリーの24時間化が図られた基地局数は当時の約６倍、車載型基地局は約５倍、衛星エントランス回線は25倍とハード面を強化している（２０２０年３月時点）。

特に人口密集地の通信確保のため、ＮＴＴドコモは半径７キロをカバーする大ゾーン基地局を全国に１０６ヵ所設置し、東京には６ヵ所ある（ＫＤＤＩでも大ゾーン基地局を東京に10ヵ所設置している)。仮に高確率で発生すると予想されている首都直下地震が発生しても即日通信規制を解除できる体制は整っているという。

ただ、東京都が2022年5月に公表した首都直下地震の被害想定は、基地局の電源が枯渇すれば不通エリアが拡大するおそれがあり、電話やインターネットなどが長期間にわたり不通になる可能性を指摘する。

内閣府が2011年10月に実施した調査によると、東日本大震災の発生時に自宅外にいた10~60代の男女が、帰宅中に必要と感じた情報は「家族の安否情報」が約56%と最も多かった。思うように家族らと連絡がとれず、何が起きているのかニュースで把握できないのは誰もが不安だ。不通の時間が長ければ長いほど、それが増幅するのは間違いない。

東日本大震災で被災した宮城県石巻市《いしのまき》で語り部を続ける三條すみゑ氏は、今も三男に送った最後のメールが心に引っかかっている。2011年3月11日に巨大地震が襲来したとき、外出中だった三條氏は自宅の三男が心配になった。だが、何度かけても電話はつながらない。メールで「津波警報が出ているから逃げろよ、おっかあもそっち向かってるから」と送った。

帰宅中に必要と感じた情報（複数回答）

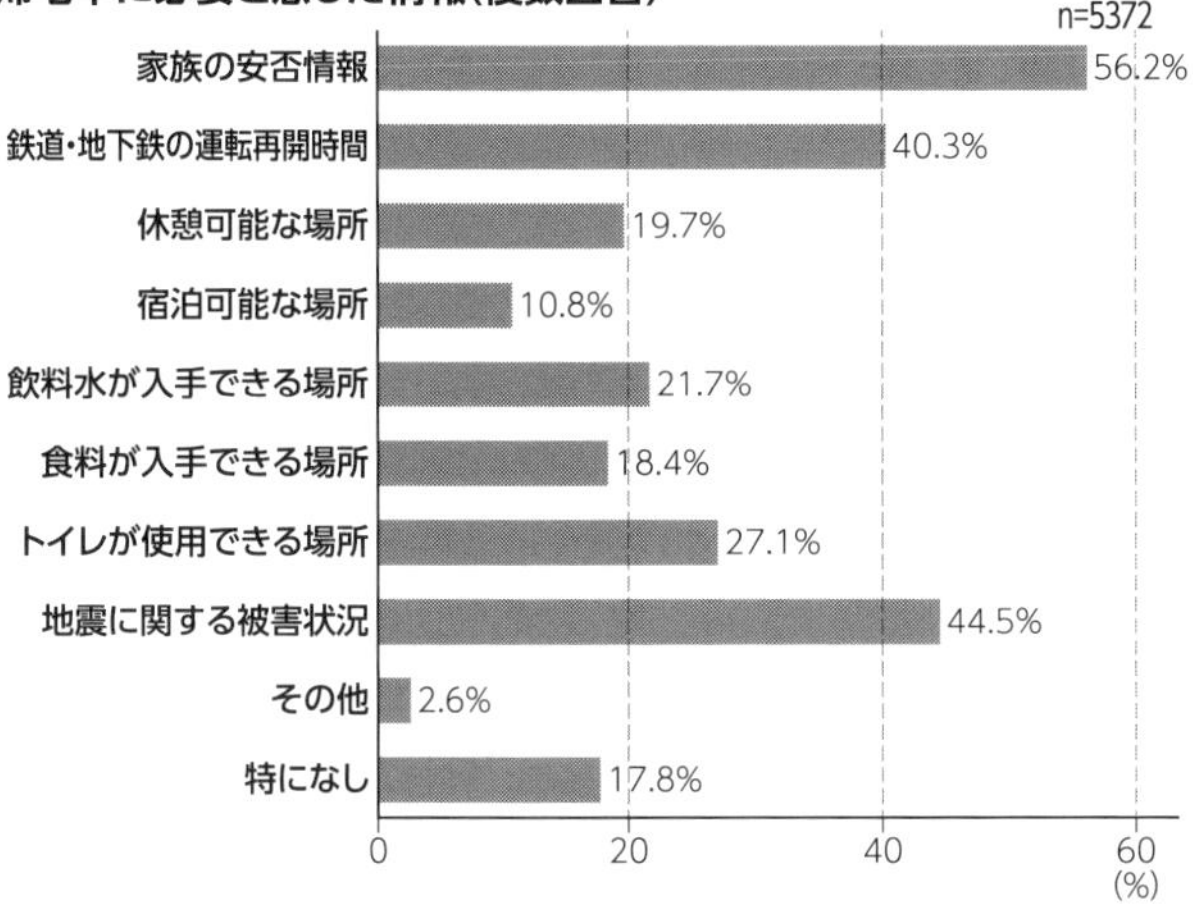

出典:内閣府「帰宅困難者対策の実態調査結果について」

だが、三條氏は「そっち向かってる」と記したことを後悔する。後に長男、次男から聞いた話によると、三男は自宅で母親の帰りを待ち続け、津波に襲われたのだという。生き残った2人の息子たちは、それを知れば母が悲しむからと何年も黙っていた。「あのメールさえ送らなければ……」。三條氏は自らを責める日が続き、悔しい思いを胸に後世に伝えていく道を選んだ。

「生きていれば必ず会える。家族を信じて、自分が生きることだけを考えて逃げて」。三條氏が三男に最も伝えたかった言葉だ。震災による被害を知らない人たちに伝える言葉の一つひとつは重みを増す。

大地震の発生時は家族らに連絡がとれる保証はない。仕事や買い物などで外出し、家族がバラバラの行動をしていれば、安否確認ができない不安に駆られるのは当然だ。そのためにも「大地震の襲来時は通話できない、ネットが使えない」という前提で、事前に避難先を話し合い、共有しておくことが重要だろう。

大地震が発生した際の安否確認手段としては、「災害用伝言ダイヤル」（171）の活用が考えられる。災害発生時、通信がつながりにくい状況になった場合に提供される声の伝言板だ。「171」をダイヤルし、被災した人の電話番号を入力してメッセージを録音する。再生するときも「171」で、同じ電話番号を入力すれば伝言を知ることができる。

スマホから安否情報を登録・確認できる「災害用伝言板サービス」や、名前による安否情報検索や自分以外の安否を登録することができる「Googleパーソンファインダー」の活用も期待される。

東京都の「防災アプリ」は、災害時に役立つコンテンツを提供している。事前の備えや災害時の対処法などの情報を掲載しているほか、オフライン時も現在地を表示し、目的地までの移動を助ける防災マップや地震情報、避難情報などをプッシュ通知する。利用料は無料で、英語や中国語などの多言語対応にもなっているので事前にダウンロードし、地域登録などを済ませておけばよいだろう。

大地震が襲来したときに使用が制限されるスマホ。必要以上に混乱や不安を招かないためにも、いざというときの対応策を今から考えておくことをオススメする。

隣人を助けることはできるのか

8つ目のキーワードは「避難」だ。日本列島には約1700ヵ所に地震計・震度計が張り巡らされ、緊急地震速報の計算に使われている。気象庁は地震発生時に生じる二つの地震波のうち、強い揺れをもたらす「S（Secondary）波」よりも速く伝わる「P（Primary）波」を検知し、緊急地震速報として人々に伝えている。

だが、震源に近い地域ではP波のあとにS波が伝わる間の時間が非常に短くなるので、速報が強い揺れ（S波）の到達に間に合わない場合がある。高確率での発生が予想される首都直下地震でも、避難はおろかP波に対応して最寄り階に自動停止する「地震時管制運転装置」が付いている最新のエレベーターでもエレベーター内に閉じ込められる事態が発生する可能性がある。

２０１８年６月の大阪府北部地震（M６・１）の震源は、地下13キロ程度と浅かった。気象庁はP波を検知してから３・２秒後に緊急地震速報を出したが、大阪府北部や京都府南部など震源に近い地域では大きな揺れが速報よりも先に到来した。２府３県のエレベーター約12万２０００台の半数ほどは震度５弱以上の地域で緊急停止し、３４６台で人がエレベーター内に閉じ込められた。

そのうち１３９台には地震時管制運転装置が搭載されていた。だが、最寄り階に着く前に強い揺れが生じたため急停止していたのだ。２０２１年10月の千葉県北西部地震でも東京や埼玉で計７万５０００台が停止している。少し離れた場所でも緊急地震速報の発表後、強い揺れがくるまでの時間が数秒と短く、そのわずかな差が閉じ込められるか退避できるかを左右する。

国土交通省によると、大阪府北部地震の際は、大阪や京都などの大都市では被害がほとんどなかったために、「閉じ込め」事態が発生したエレベーターの９割近くは３時間以内に復旧した。それでも、中に閉じ込められた人の不安やストレスは小さくない。

国交省がまとめた２０２０年７月の「エレベーターの地震対策の取組みについて」

を見ると、エレベーターからの救出に時間がかかる理由は「公共交通機関の停止や渋滞による現場到着遅れ」「一般電話回線の輻輳《ふくそう》による保守員への情報伝達遅れ」があげられている。

東京都が２０２２年５月に公表した首都直下地震の被害想定では、都内のエレベーター約16万６０００台のうち、「閉じ込め」につながり得るエレベーターは約２万２０００台だ。タワマンをはじめ、高層ビルが増え続ける首都では復旧するまでは、高層階の人は階段を歩くしか移動手段がなくなる。

東京にある高さ45メートル超の高層建築物は、10年前から１０００棟以上も増加し、約３６００棟ある。マンションなどの共同住宅も勢いよく増えており、10年前から70万戸以上も増加。全国の２割を占める５００万戸近くが集まり、都内の世帯数の約７割が暮らしている。

懸念されているのは、全国で進む「高齢化」と「おひとり様」だ。１００年前の関東大震災発生時と比べると、我が国の高齢化率（65歳以上）は５％程度から３割近くに増加した。２０２０年の国勢調査によると、都内の単身世帯は約３６３万世帯に上る。単身シニアが増え続ければ、いざというときに誰が助けてくれるのかは大きな課題と

東京23区内の孤独死が急増

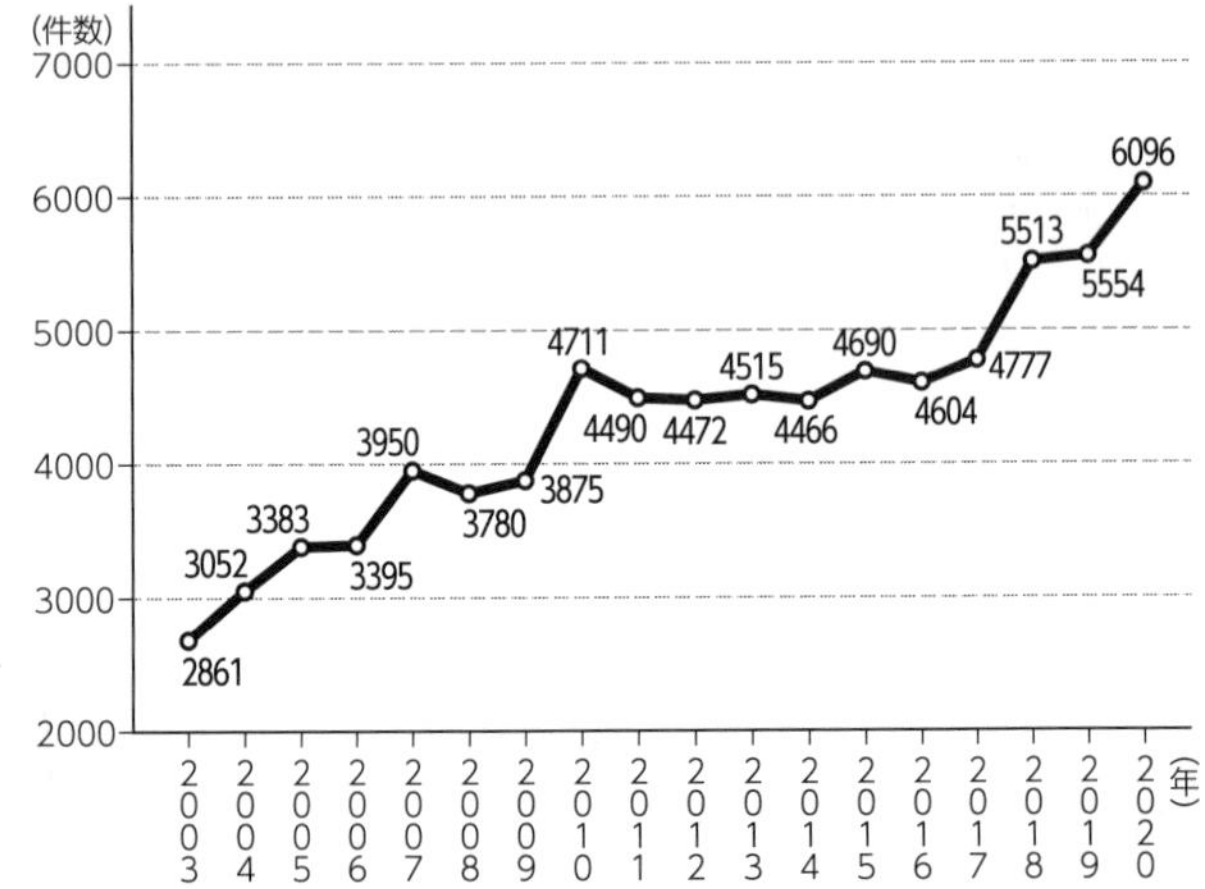

出典:東京都監察医務院

なる。

近所との関係が希薄になったと指摘されて久しいが、マンションやアパートの隣人が亡くなっていても気づかないケースもみられている。緊急事態の発生時に「おひとり様」の高齢者がどのように避難するのか。大都市における高齢社会化の悩ましい問題だ。自治会に所属していないマンションは行政の取り組みも届きにくい。

東京の自主防災組織は活動率が10年前から半減し、防災訓練の活動頻度も10年前の年間約0・87回から、0・37回にまで減少している。東京都立大学の中林一樹名誉教授は「避難所にたどり着ける人はまだよい。マンションは立体的な町だ。コンクリートの壁と鉄の扉で隔離されているが、ご近所となるフロアごとやエレベーターごとに声かけ体制を作り、被災後にも自宅から出られず、誰にも知られずひっそり亡くなる人をどれだけ減らせるかが、特にマンション防災の大きな課題だ」と危機感を募らせる。

東京・足立区のある大規模マンション（約500戸）は、ブロックごとにリーダーを配置し、逃げ遅れそうな人を把握する取り組みを始めている。自治会長は「マンションは、長屋が縦に長くなっただけ。顔がわかれば人と人はつながることができる」と考える。互いを知るきっかけのためにイベントを催し、挨拶を交わすことにも力を入れているという。

大地震の襲来時、まず頼みにできるのは遠くの家族より、自分と周りにいる人々だ。近年は騒音やゴミ問題をめぐる隣近所とのトラブルや無関心が注目されるが、いざというときのためにも近所との関係はやはり良好である方が望ましい。

首都を防衛せよ

関東大震災から100年という節目を迎え、首都には首都直下地震への危機感がにじむ。当時とは比べものにならないほどの発展を遂げ、超高層ビルやタワマンも集中する首都が今、M7級の大地震に再び襲われたら国はどう動くのか。合い言葉となるのは「首都を防衛せよ」だ。

2016年に公開された映画「シン・ゴジラ」を覚えているだろうか。東京湾に出現したゴジラは上陸し、街中を破壊しながら突き進む。都心が壊滅状態に陥る中、首相官邸機能は西部に30キロほど離れた立川市の拠点に移し、対ゴジラ戦略を指揮。自衛隊の投入や新幹線などを用いた駆除作戦を展開して首都を守る。

国内外で人気の映画は、もちろんフィクションだ。だが、私の手元にある分厚い資料を読み進めると、首都直下地震が発生したときにはゴジラもびっくりの「首都防衛作戦」が展開されることがわかる。

国の中央防災会議幹事会が2022年5月にまとめた「首都直下地震における具体的な応急対策活動に関する計画」などには、大地震襲来時の初動体制や優先業務が記されている。目的は「首都中枢機能の維持」「国民生活および国民経済に及ぼす影響を最小化」というもので、気になる中身はこうだ。

まず、国は政府業務継続計画に基づき発災直後から「非常時優先業務」体制に移行する。被災地域以外の業務は中央省庁の権限を地方支分部局などに委任し、優先業務に専念。首相官邸が使用できない状態になった場合は霞が関にある内閣府に移転し、それも難しければ市ヶ谷《いちがや》の防衛省に官邸機能を移す。そして、3番目の代替拠点先となるのは「シン・ゴジラ」にも登場した立川広域防災基地だ。

都心が壊滅状態になり、通信機能も寸断された場合はヘリコプターで先にあげた拠点の「緊急災害対策本部」に移る。情報の収集・分析、重要政策の方針決定や総合調整などの内閣機能を維持しつつ、国内外に向けて情報を発信。金融システムへの信頼が喪失しないよう注意を払いながら、各国政府との連携にも対応する。1週間は外部からの補給なしで業務を実施できる体制を確保する。

首都防衛作戦の大展開は、発災直後から進む。首都圏（1都3県）の警察・消防は最大限となる約12万8000人動員される。残る43道府県からは最大で警察約1万4000人、消防約2万1000人に加えて、自衛隊約11万人、国土交通省の緊急災害対策派遣隊「TEC－FORCE（テックフォース）」約2000人を投入し、可能な限り早く任務にあたる。

テックフォースは、大規模な自然災害時に状況の迅速な把握や被害拡大の防止、被災地の早期復旧などに取り組む派遣隊で、熊本地震（2016年）や大阪府北部地震（2018年）などでも活躍した。

地震発生時には沿道の建物倒壊や道路の渋滞、放置された車の撤去なども課題となる。国は都心に向かう一般車両を通行禁止とし、全国からの応援部隊や緊急物資輸送車両が優先的に移動できるよう車を制限する交通規制、復旧を行い、都県の公安委員会が緊急交通路を指定する。外環道の内側における緊急輸送ルートの確保は「八方向作戦」となる。

東京23区で震度6強以上が観測された場合には、政府が被害の全容把握を待つことなく災害応急対策活動をスタートする。警察や消防、海上保安庁、自衛隊などの航空機約320機、艦船・船舶約240隻が投入され、救助・救急や消火、輸送・医療活動にあたる。国交省の排水ポンプ車や照明車、衛星通信車なども展開することになる。

東海大学の山田吉彦教授は「まずは首都圏の人が生き残ることが大事。海に囲まれた日本は海外からの支援物資が海から入り、救援隊も海や川からのぼっていける。復興のカギは海が握る」と語る。都心の道路が寸断されていれば東京湾に消防船が集まり、川を通じて木造住宅密集地域などに入る。

首都直下地震が起きた際は、多数の負傷者と被災した医療機関の患者対応も重要だ。急激に増大する医療ニーズに対応するため、大規模災害発生時に派遣される医師や看護師らの災害派遣医療チーム「ＤＭＡＴ」（ディーマット、約１８００チーム）に派遣要請し、全国から参集する。

１９９５年の阪神・淡路大震災は初期医療体制の遅れも指摘された。被災地外に広域搬送できていれば助かった「避けられた災害死」は約５００人にも上ったとされる。１都３県には２０２２年４月時点で全国の２割超を占める１６４の災害拠点病院がある。ＤＭＡＴは陸路のほか、空路で成田空港や羽田空港のほか、下総《しもふさ》航空基地や入間《いるま》基地、厚木《あつぎ》航空基地を活用し、災害拠点病院などの支援に入る。対応が困難な重傷患者は被災地外に搬送し、治療する。

自治体や家庭で備蓄されている物資は、数日間で枯渇することも考えられる。国は被災自治体からの具体的な要請を待たずに発災後４～７日間に必要な分を調達し、「プッシュ型支援」で被災都県に輸送する。飲料水は23万立方メートル、食料は５３００万食だ。他にも16万枚の毛布や20トンの乳児用ミルク、３２００万回分の簡易トイレなどを提供する。

国の統治機関がおかれる首都は、いつの時代も、どの国においても最も守らなければならない都市である。高確率で発生が予想されている首都直下地震の発生時には、まさに国家の命運を賭けた「首都防衛の大作戦」が展開されることになるだろう。

ただ、都市災害を研究する京都大学の河田惠昭名誉教授は危機感を隠さない。懸念するのは「相転移」だ。人口が密集している首都圏は、何をするにも人が多く、想定できないような被害が別の形で現れる危険性があるというのだ。現時点の想定においてはゴジラも驚く作戦が展開されるものの、人口が約1400万人に膨らんだ首都には国内外の観光客や通勤・通学者も集中する。ひとたび歯車が狂えば、想定を上回る事態が発生する可能性もあるだろう。

我が国の総人口が減少する中でも首都圏の勢いは衰えない。加えて、65歳以上のシニアは増える一方だ。高齢化率は2036年に33%を超え、国民の3人に1人が高齢者になると推計されている。さまざまな変化を続ける首都を守り抜くためにも、想定や準備は更新していくことが求められる。

進化する首都の危機対応力

M7級の首都直下地震など大地震が発生したとき、東京都はただちに「非常配備態勢」となる。職員はあらかじめ指定された場所に参集し、都知事を本部長とする災害対策本部が設けられる。最初の応急対策業務にあたることが期待されている職員は都庁から居住地までの距離が10キロ圏内の職員約1万9000人だ。その後、20キロ圏内までの約1万5000人も加わり、危機管理監の下に約3000人の「現地機動班」を組織し、大規模救出活動拠点などで人命救助のための対策を実施する。

国や自治体といった巨大組織は、縦割りの弊害を指摘されることも多い。以前は東京都も例外ではなかった。それが変わるきっかけになったのは、2016年夏の小池百合子都知事就任と、2020年からの新型コロナウイルス感染拡大だ。

小池都知事の就任当初、複数の部署が「これはうちの担当ではない」と押しつけ合い、なかなか政策の中身を詰めないということがみられた。特に顕著だったのは、過去に行ったことのテーマで、16万人を超える巨大組織が思うように機能しない状態がみられていたのだ。防衛相を経験した小池都知事は、複数の担当部局にまたがる政策テーマにおいては特に「横串」を刺すよう幹部職員に指示を繰り返し、押しつけを排していった。

小池都政で醸成された対応力がさらに向上したのは、新型コロナウイルス感染症への対応と言える。東京都は自衛隊から「危機管理監」を迎え入れている。新型コロナ対応を「災害」と位置づけ、危機管理監が陣頭指揮にあたることにした。状況が変化するごとに危機管理監が戦略を描き、毎日同じ時間に幹部が集まって情報共有を行う自衛隊式の幹部会議を開くようにしたのだ。

日本に新型コロナウイルス感染症が訪れたのは２０２０年１月。東京都は同24日に全国で一番早く「危機管理対策会議」を開催し、同30日には「新型コロナウイルス感染症対策本部」に格上げした。関係各局がそれぞれ把握する情報を共有していったのだが、そもそも新型コロナ対策の担当部署がない。そこで防災と福祉・医療を担う二人の副知事をトップとする体制に移行した。

春の「第１波」が収まった後の２０２０年７月には「第２波」に備えて検査や医療提供体制、保健所との連携強化など組織対応力を強化するための「感染症対策部」を設置。新型コロナを専門で担う体制を整えた。人員を拡大し、既存業務の休止や縮小によって最大３０００人の応援体制を構築した。２０２０年10月には感染症対策の司令塔となる「東京iCDC（東京感染症対策センター）」を設置し、専門家の知見も踏まえた対応力を強化している。

ある都庁幹部OBは「新型コロナ対応で都庁は大きく変わった。こんなに縦割りを排して動けるとは思わなかった」と振り返る。

2022年12月には、危機管理監とともに現場指揮を担う「危機管理副監」の職を新設し、元陸上自衛隊航空学校長兼明野《あけの》駐屯地司令の安井寛氏が就任した。平時は防災対策の実効性向上など都の危機管理体制強化に取り組み、災害発生時には状況に応じて現地対策本部で直接指揮を行う。複合災害が発生しても役割を分担する重層体制を構築し、行政の縦割りを排して、横串を刺す「タスクフォース型」で機動的に動くことを期待したものだ。

災害発生時の初動は、都庁から徒歩30分圏内の災害対策職員住宅に居住する約300人が対応にあたり、危機管理監を本部長とする災害即応対策本部等が設置される。震度6弱以上の地震が平日の勤務時間外や休日に起きた場合には「特別非常配備態勢」をとり、知事を本部長とする災害対策本部を設置する。救助現場では、災害状況の早期の全容把握に向け、AI技術も駆使する。警視庁ではこれまで目視で行ってきた空撮画像解析に最新技術を導入する予定。土砂崩れや家屋倒壊、道路や橋が流出した現場などの画像から、車両や人の位置と数を自動算出し、要救助者発見までの時間を短縮する。東京消防庁ではドローンを活用した災害現場の全容把握に加え、温度分布の確認によって残存している火源の特定などを行っている。

2023年4月、新たに防災部に加わった職員を前に原田智総危機管理監が心構えを訓示した。原田危機管理監は陸上自衛隊で東日本大震災や熊本地震をはじめとする災害対応に約30年間従事してきた人物だ。

原田危機管理監は「いざ首都直下地震が起きたら」と切り出す。そして「一番重要なことはまず即応すること。間髪いれずに本部を立ち上げ、対策を打っていく。ひとたび立ち上がったら、その力を持続する」と続けた。その上で留意点として、①仕事は一人でやらず、チームで問題を解決する、②いつまでも「ボール」を持たず、フットワークを軽くする――と2点を掲げた。

「何十年も被害を軽減する、克服するために計画や事業を展開し、制度が作られてきた。だが、災害対策は十分ではない。これまでの枠にとらわれない想像力が大事だ。訓練を通じて対応力を上げ、一員として機能するという士気を持って取り組んでほしい」

大地震はいつ、どのような状況で襲来するのかは誰にもわからない。しかし、首都を守り、都民の命と暮らしを守るのが都庁の最優先事項だ。首都防衛に向けた態勢と準備、そして心構えは日を増すごとに高まりを見せている。

自宅の耐震化はどうなっているのか

9つ目のキーワードは「耐震」だ。地震が多い日本で、自分が暮らす建物の安全確認は重要性を増している。では、どのようにすれば自分の住む家と家族を守ることができるのか。まずは「己」を知ることが重要だ。耐震診断によってリフォームが必要かどうかを判断するとよいだろう。築年数が古い、壁が少ない、以前の地震でダメージを受けている家は要注意と言える。

耐震診断は、建物の強さ（地震力への頑丈さ）、建物の粘り（地震力を逃す）、建物状況（バランスなど）、経年状況（老朽化など）を総合的に考慮し、評価される。

たしかに、耐震化工事は費用負担が大きいのがネックと言える。基礎や壁の補強、修繕、屋根の軽量化などさまざまな作業があり、自宅がそれぞれ違うように、補強プランも築年数や経年劣化の状況で異なる。

リフォーム費用は、日本木造住宅耐震補強事業者協同組合が公表している調査データ（２０１９年10月発表）から目安を知ることができる。１９５０年から２０００年に木造在来工法で着工された２階建て以下の住宅で、耐震補強工事を実施した人の平均築年数は37・０９年、平均施工金額は約１６７万円だ。

リフォーム工事の補助金制度を設けている自治体もあるので事前に確認しておくとよいだろう。国も所得税控除と固定資産税の減額という形で支援している。対象となるリフォーム工事をした場合、所得税から一定額を控除できる点は魅力的だ。翌年度の固定資産税が２分の１に減税される措置もある。

最近は自分で作ったり、修理したりするＤＩＹが流行っているが、やはり壁の増設や基礎の補強などはプロによる技術と知識が欠かせない。耐震性能に不安を抱く人は自治体の制度を確認した上で、まずは耐震診断をすることをオススメする。

耐震化はこうやるべし

１９８１年以降の新耐震基準でも地震が起きたときに倒れる可能性がある木造住宅を建築士は「グレーゾーン」と呼ぶ。１９８１年から２０００年に建てられた家は、少なくとも築20～40年が経過している。

1981年以前の旧耐震基準の建築ならば、なおさら不安を抱く人もいるだろう。自分の家が地震に耐えられるのか否かの目安になるのは建築基準法が定める「耐震基準」なのだが、この「旧耐震基準」とは、震度5程度の揺れで家屋が全壊しないという基準であった。だが、1978年に起きたM7・4の宮城県沖地震では最大震度5でも建物の全壊が相次ぎ、1981年の改正では、震度6に達する程度の地震でも人が亡くなるような全壊はしない「新耐震基準」に強化された。

1995年の阪神・淡路大震災は、全半壊や焼失した住宅は約26万棟に達し、震度6の場所では全壊は「旧耐震」で60％の一方、「新耐震」では20％超に留まった。「新耐震を守っていれば倒れない」とは必ずしも言えなかったが、約5500人の死者の8割が自宅の倒壊で命を落としたことから、「旧耐震」の住宅を「新耐震」基準に補強することが重要として、政府は耐震改修促進法を制定した。しかし、その後の地震でも「新耐震基準」の建物が全壊の被害を受けた。その原因として柱と土台や梁が金物で止められていないことなどが指摘された。そこで、2000年に国交省は木造住宅の耐震性に関する建築基準法を改正。新たに木造建築に対して、①地盤に応じた基礎、②

接合部の金具の指定、③耐震壁のバランスよい配置――などの２０００年基準を定めた。その結果、「新耐震」の建物でも築20年を超えていた２００４年の新潟県中越地震や２００７年の新潟県中越沖地震では、１９８１年から２０００年までに建てられた「グレーゾーン」住宅の被害に対して、２０００年以降の被害が明らかに軽減していることが統計的にも明らかになった。

東京都建築士事務所協会江戸川支部による区内の木造住宅の耐震診断では、地盤の良し悪しにかかわらず、「旧耐震」の木造住宅の95％は震度6強で「倒壊する可能性が高い」との結果が出たが、「グレーゾーン」住宅でも82％が「倒壊する可能性が高い」と診断された。２０００年以降の住宅では「倒壊する可能性がある」は８％で、「一応倒壊しない」が38％、「倒壊しない」は54％だった。

では、どのような家が危ないのか。東京都立大学の中林一樹名誉教授は、「耐震壁のバランスが重要」という。ある方向には壁がなく窓が開放された自然光で明るい「画家のアトリエ」のような部屋があり反対側には壁が多いような、壁の配置が偏っている家を例に挙げる。「新しい住宅であってもどこかの窓が必要以上に大きかったり、北側は壁が多いのに南側は窓ばかりというような家。あるいは、柱を入れない広い居間に対して壁で囲った部屋が偏っている家。これらはバランスが悪く、地震では壁の多いところを中心に壁の少ない部分が振り回されるように激しく揺さぶられるので、家が壊れてしまう」という。

東京都は２０２２年末、「東京の木造住宅のすべて（１００％）を２０００年以降の耐震基準を満たす強い住宅にする」という野心的な目標を掲げた。１９８１年以前に建てられた「旧耐震」の木造住宅に限定していた耐震診断・改修の助成対象を拡大し、「新耐震」でも不十分な耐震性能とみられる住宅にも耐震改修を支援するものだ。想定する計約76万戸の住宅の２０００年基準を満たす耐震化ができれば、最大震度７級の地震が発生しても死者を２０２２年５月の被害の想定より約８割も減らすことが可能、と見込む。

都内の自治体も「旧耐震」の住宅の耐震診断・改修のみならず、家具転倒や窓ガラス飛散の防止、ブロック塀などの補強工事への助成制度などを設けており、多様な耐震改修工事へのハードルを下げてきている。都は23区で「旧耐震」の住宅を耐震改修した場合、固定資産税などを減免して耐震化をさらに加速させたい考えだ。

自宅の耐震性能が不安な人は一度、各自治体の取り組みを活用して、耐震診断をするとよいだろう。建築士事務所協会江戸川支部によると、木造2階建て（100平方メートル）の診断費用と補強設計の合計は35万円程度だ。江戸川区ならば最大30万円の助成が受けられる。

耐震補強が必要になった場合でも、経費節約になる、自宅で生活しながら工事を行う「居ながら補強」が主流となっている。新建材の構造壁を天井や床を壊さずに差し込む工法などで、費用は診断結果によって異なるものの約300万円が相場だ。江戸川区（上限150万円）のように助成している自治体もある。

少なくないコストがかかる点はネックとなるが、守るべきは自分や家族の命である。一級建築士の青谷懿《あつし》氏は江戸川区での取り組みから「古い住宅には高齢居住者が多い。福祉対応に段差をなくすバリアフリー工事など日常の生活の改善との合わせ技で耐震化を考えては」とすすめる。なかでも浴室周りの柱は水の浸入で木材が腐朽している場合が多く、耐震化のための柱の強化に合わせて、浅くて使いやすいユニットバスへの交換や滑りにくいタイル、手すりの設置なども進めると、高齢者にとって入浴時の転倒事故の心配もなく、お風呂が楽しくなったと喜ばれているという。

耐震補強に早めに取り組むことが望ましい理由もある。それは工事を担う職人の減少だ。２０２２年の国勢調査によると、２０２０年時点の大工は29万７９００人で、20年前から半減した。高齢化も進み、３割は65歳以上だ。２０１９年９月に千葉を襲った房総半島台風の際には、自宅の屋根工事が間に合わず台風被害に遭ったケースもみられている。中林名誉教授は「首都直下地震を想定すれば、住宅の修理をしてくれるような大工の人数は減っている、そこに注文が殺到してしまうのですぐに来てくれないと思っていた方がよい」と懸念する。さらに「平時にみんなが耐震改修を行うことは、大工さんの仕事を増やし、災害時の住まいの応急修理をしてくれる職人の確保にもつながるはずだ」という。

命を守るコストはいくらまでならば許容できるのか。それは人それぞれかもしれないが、やはり不安視される家においては「最低限の補強・改修」を考えておくべきだろう。

第2章　南海トラフ巨大地震は想像を超える

タワマンは大丈夫なのか

大都市には超高層ビルやタワマンが林立し、今や成熟国家の象徴のような存在感を放っている。新築マンションの価格上昇は止まらず、不動産経済研究所が発表した2023年3月の首都圏新築分譲マンション市場動向によれば平均価格は1億4360万円で、統計開始の1973年以来初めて1億円を超え、前年の同じ月の2倍以上に上昇した。ただ、高層の建物は、高い階ほど地震発生時の揺れが大きいという。はたして「高嶺の花」となったタワマンは大丈夫なのか。

超高層ビルやタワマンが最も苦手とするのが「長周期地震動」だ。「周期」とは揺れが1往復するのにかかる時間で、大地震の発生時は長く、ゆっくりとした大きな揺れである「長周期地震動」が発生する。高確率で発生すると予想されるM8～9級の南海トラフ巨大地震が起きれば、その激しい揺れが住民らを襲うことになる。

長周期地震動は、たとえ震源から離れていても高層の建物を大きく、そして長く揺らす。建物の揺れやすい周期（固有周期）と地震波の周期が一致すると共振して揺れが大きくなるわけだが、高層の建物は共振によって低い建物よりも長い時間にわたって揺れるため注意が必要なのだ。

２０１１年３月の東日本大震災発生時、東西の大都市のランドマークにもなっていた都庁舎、大阪府庁舎が大きな揺れに見舞われた。震源から約４００キロ離れた東京都心部は震度５強を記録。東京・新宿にある地上48階、高さ２４３メートルの都庁第一本庁舎と第二本庁舎（地上34階、高さ１６３メートル）は地震動でゆっくりと揺れ、エレベーターは全基停止し、天井材の落下やスプリンクラーの損傷などが見られた。最上階では10分間以上、最大で１・３メートルの揺れが起きた。２０１２年から二つの本庁舎、都議会議事堂は執務をしながら13年間という長期の大改修プロジェクトが、約７６２億円（長周期地震動対策の制振装置の設置費用約40億円）をかけて２０２３年現在も行われている。

都心の複数の高層ビルも設備の転倒や損傷が生じている。約７７０キロ離れた大阪では震度３の揺れが生じた。湾岸の人工島にある咲洲《さきしま》庁舎（高さ２５６メートル）では

2・7メートルの横揺れが生じ、天井や壁など約360ヵ所が損傷。耐震性を懸念した当時の橋下徹大阪府知事は咲洲庁舎への府本庁舎の全面移転構想を断念した。

この揺れを上回ることになるとみられているのが、南海トラフ巨大地震による長周期地震動だ。内閣府の検討会による推計では、東京、名古屋、大阪の3大都市圏では南海トラフ巨大地震発生時の超高層ビルの揺れ幅は東京23区や名古屋で最大約3メートルと東日本大震災発生時の2倍近くに達し、震源からの距離が近い大阪の一部は最大約6メートルと指摘された。

高層ビルの研究を続ける名古屋大学の福和伸夫名誉教授は「首都圏は、地盤の構造から、西で起きる地震で揺れやすい」として、理由を二つ挙げる。

西日本は「付加体」と呼ばれる海底生物の死骸など海の中のゴミが折り重なるようにへばりついた軟らかい地盤があるため、揺れを通しやすい。さらに首都圏が盆地のようになっていることから、日本海溝沿いの地震より、南海トラフ沿いの「西」の地震の揺れを集める特徴があるという。

超高層ビルの課題は大きく揺れた後、そのまま使用してよいのかどうかの判断が難しい点だ。長周期地震動によって建物にひびが生じたり、外壁や天井が落ちたり、配管に亀裂が入ったりするといった損傷が生じても、専門家でなければ被害の詳細を把握するのが難しい。

タワマンと呼ばれる20階以上の高層マンションは全国に1464棟（2022年末時点）ある。首都圏の1都3県に半数超が建てられ、戸数ベースでは約9割が3大都市圏に集中する（東京カンテイ調べ）。建物の構造自体の強度を高める耐震構造、制振部材を設置して揺れを吸収する制振構造、揺れを伝えにくくする免震構造によって地震対策はなされているが、同じ地震であっても高層階になれば揺れ方は強くなる。

超高層ビルに備えられた高速エレベーターには最寄り階がないため緊急停止し、中に閉じ込められたり、避難階段が狭いため避難経路が制限されたりするリスクはあるだろう。火災発生時にどう対応するのかも含め、事前に考えておくことが重要だ。火災報知器は電池が切れていれば作動せず、揺れで水道管の配管が壊れるとスプリンクラーが使えない。そのとき、火災が起きたらどうなるか。1982年、地上10階建てのホテルニュージャパン（千代田区永田町）が約9時間燃え、高層階の宿泊客33人が犠牲となった火災の例を思い出してもらいたい。鳴らない火災報知器、閉じない防火戸、スプリンクラーの設置がほとんどないなど防火設備の不備が指摘された。

基本的には耐震基準で想定された揺れに対して耐えられるだけの設計がなされているものの、たとえ震度が小さくても特に高層階は大きな揺れになることがある点は覚えておくべきだろう。また、想定を超えた揺れに対しての安全性についても設計者に確認したいところだ。日頃から家具はしっかり固定し、丈夫なテーブルなどの下に避難する経路を確認する、2023年2月から発表が始まった気象庁による長周期地震動の緊急地震速報が鳴ったら、エレベーター内にいるときは揺れの到達前にあらゆる階のボタンを押す、といった心構えと準備はしておいた方がよいと言える。

「異次元」の巨大地震

南海トラフ沿いの地域は100〜150年の周期で大規模地震が発生しており、前回の襲来から約80年が経過した今日、発生確率は日を増すごとに高まっている。南海トラフは、静岡県の駿河湾から九州の日向灘《ひゅうがなだ》沖までのフィリピン海プレートとユーラシアプレートが接する海底の地形を形成する区域を指す。南海トラフ沿いのプレート境界では海側のフィリピン海プレートが、陸側のユーラシアプレートの下に1年あたり数センチの速度で沈み込む。その際のひずみが蓄積され、ユーラシアプレートが跳

南海トラフ巨大地震の震度分布

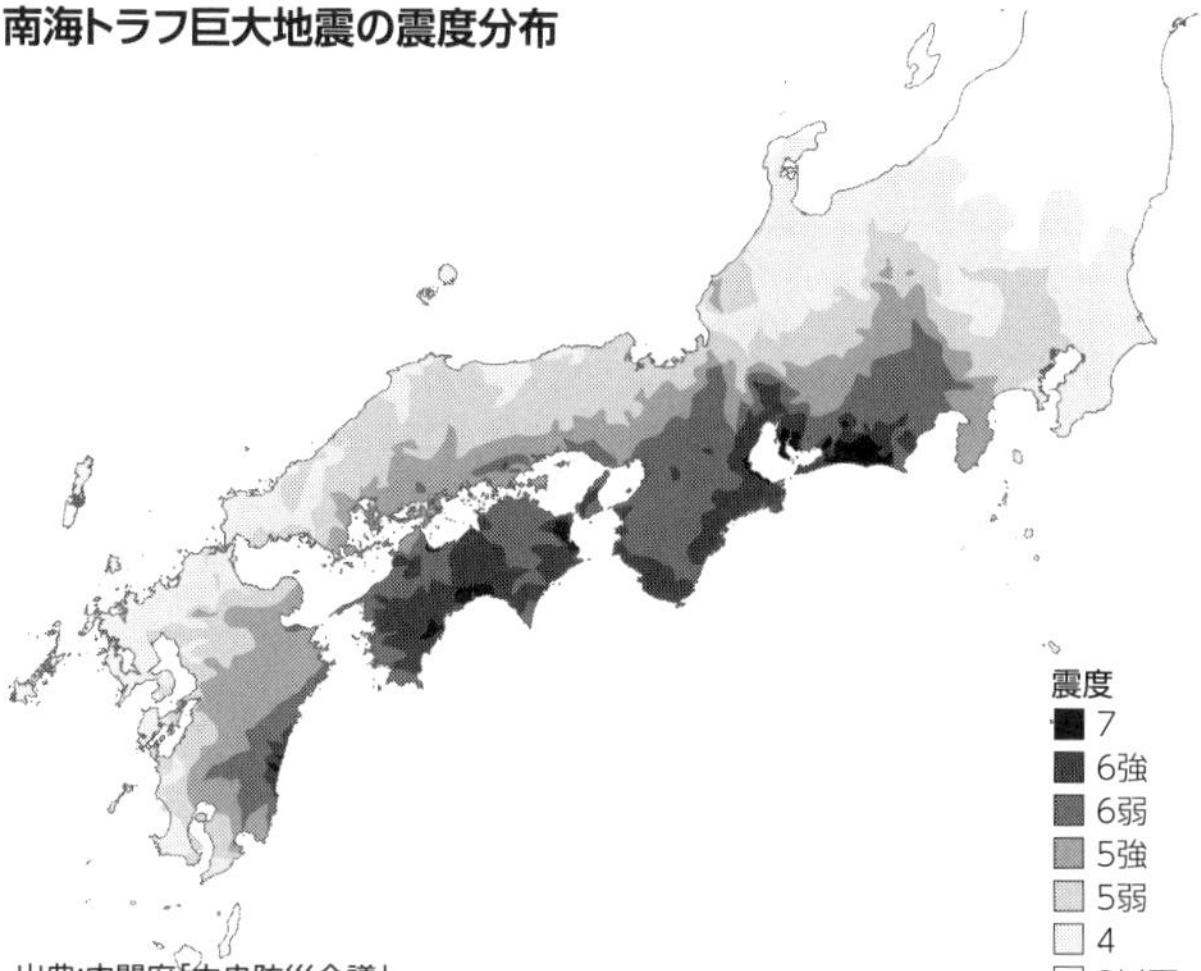

出典:内閣府「中央防災会議」

ね上がることで発生する地震が南海トラフ巨大地震だ。

南海トラフ巨大地震は一体、何が怖いのか。真っ先に挙げられるのは国民の半分が被災する「異次元の被害レベル」だ。政府は東日本大震災以降、「想定外」をなくすため、被害想定は起こり得る最大規模の地震で見積もっている。2013年5月の「南海トラフ巨大地震対策について（最終報告）」では、「まさに国難とも言える巨大災害」という強い表現で警鐘を鳴らしている。「最大クラスの巨大地震・津波については、千年に一度あるいはそれよりもっと発生頻度が低いものであるが、仮に発生すれば、西日本を中心に甚大な被害をもたらすだけでなく、人的損失や国内生産・消費活動、日本経済のリスクの高まりを通じて、影響は我が国全体に及ぶ可能性がある」。

過去の南海トラフ巨大地震の発生は、歴史の転換期と重なる。前回は1944年12月に南海トラフの東側で「昭和東南海地震」が発生し、そのわずか37日後に、内陸直下の地震「三河地震」を引き起こしたとされる。この二つの地震は戦時下であったため地震の大きさに比べ十分な資料が残されておらず「隠された大地震」とされる。二つの地震の間には、名古屋への初の本格空襲があり、現在の名古屋ドームの場所にあった日本一の飛行機のエンジン工場が被災するなど重工業地帯が甚大な被害を受け、日本の敗戦を早めたとも言われる。2年後の1946年12月には南海トラフの西側を「昭和南海地震」が襲った。歴史上、さらに一つ前の南海トラフ巨大地震は、江戸時代に起きた1854年12月23日の「安政東海地震」、翌日の「安政南海地震」で、その翌年に首都直下の「安政江戸地震」が起きた。さらに1856年には安政の台風、1858年にはコレラが流行し、度重なる災害が江戸幕府の終焉の引き金の一つとされている。

この巨大地震の特徴は、超広域で強い揺れとともに巨大な津波が発生し、避難を必要とする津波の到達時間が「数分」という極めて短い地域が存在することにある。先の「最終報告」は、その被害が「これまで想定されてきた地震とは全く様相が異なるものになると想定される」と位置づける。今風に言うならば、まさに「次元の異なる」「異次元」の被害が生じると予想されているのだ。

2011年3月11日に発生した東北地方太平洋沖地震はMw9・0で、死者・行方不明者約1万9000人、建物被害（全壊）が13万棟を超えるなどの甚大な被害を及ぼした。ただ、日本列島の東から西にまたがる南海トラフでの巨大地震は、被害は10倍以上に膨れ上がると想定された。死者約32万人、建物倒壊や焼失約238万棟。浸水面積は1015平方キロで東日本大震災の約1・8倍、浸水域内の人口は約163万人で約2・6倍という計算だ。

断水などライフラインの被害で自宅に住めなくなった避難者は発災1週間後に最大約950万人に上り、およそ半数が親類、知人宅などへ避難すると想定しても、避難所への避難者は最大約500万人に達する。公共交通機関が停止した場合、一時的にでも外出先に滞留することになる人は中京都市圏で約400万人、京阪神都市圏で約660万人に上り、徒歩で発災当日に帰宅が困難になる人（帰宅困難者）は中京圏で約

100万〜110万人、京阪神圏で約220万〜270万人に上るとされる。避難する人が大量に発生し、想定している避難所だけでは不足することが予想されており、避難所に入るにも「トリアージ」が必要なレベルになるだろう。

震度6弱以上または浸水深30センチ以上の浸水面積が10ヘクタール以上となる市区町村は30都府県の737市区町村に及び、その面積は全国の約32％、人口は全国の約53％を占める。

超広域での被害拡大は、国家による支援システムが機能しなくなる状況を生む可能性がある。被災都府県で対応が難しくなる患者は最大で、入院が約15万人、外来は約14万人と想定される。外部からアクセスが困難となる「孤立集落」も農業集落が最大約1900集落、漁業集落が約400集落に達し、発災直後は行政の支援の手も届きにくい。

経済被害も甚大だ。被災地では生産やサービス低下による生産額の減少、観光・商業吸引力の低下、企業の撤退・倒産、雇用状況の悪化、生産機能の域外・国外流出などが生じ、その直接被害額は約169兆5000億円に上ると試算。我が国の一般会計当初予算（2023年度）は過去最大の114兆円超となったが、それをはるかに上回るレベルだ。南海トラフには、日本経済を支える茨城県から大分県に広がる工業地帯「太平洋ベルト地帯」が含まれ、自動車製造業や鉄鋼業、石油化学工業、電子・電気機器などの製造業が集積している。「異次元の巨大地震」はそれらを直撃し、生産・サービス低下による間接被害額が最大年間44兆7000億円に達するダメージを与える。経済活動が広域化する今日では、サプライチェーンの寸断や経済中枢機能の低下から日本全体に経済面で様々な影響が生じる。中部、近畿、四国、九州地方を中心とする「超広域」で地震動や液状化、津波による被害が生じ、復旧が遅れた場合には国家の存立にかかわる問題になるだろう。

静岡市や名古屋市、和歌山市、徳島市、宮崎市などで震度7の激しい揺れが生じ、東日本から西日本の24府県で震度6弱以上の揺れを観測すると予想される南海トラフ巨大地震。私たちは先人たちのように巨大地震の襲来を乗り越えることはできるのか。

政府は2023年4月から社会構造の変化や最新の研究を踏まえて南海トラフ巨大地震の被害想定の見直しや新たな防災対策の検討に乗り出している。都はワーキンググループにオブザーバーとして参加しているが、過疎化や少子高齢化、単身世帯の増加など社会課題が重いリスクとして現れていると感じる。見直し作業の中では、沿岸部の津波避難タワーの設置などにより、津波による死者数は大幅に減少する傾向だが、建物の耐震化が進んでおらず、約5割の建物が全壊する県もある。住宅が倒壊して逃げられないところに津波が襲うケースも想定される。特に高齢世帯や単身世帯などが取り残される状況が懸念される。過疎地は空き家の増加が二次被害を引き起こす要因となり、撤去しなければ全壊して道を塞いだり、延焼したりする。

東京大学の目黒公郎教授（都市災害軽減工学）は「桁違いの災害へ万全の対策を取ることは不可能だ。しかし、最大規模の災害に対応できなければ価値がないのかというとそうではない。一定レベルの被害を減らすために、どこまでの備えをすべきかそれぞれが考えなければいけない」と備えの重要性を説く。東日本大震災では、岩手県・釜石湾の入り口に設置された世界最大水深（63メートル）の湾口防波堤が大きく破壊され、地震直後はハード対策が意味をなさなかったと批判もあった。だが後に対策による一定の抑制効果はあったと分析された。目黒教授は「防波堤があったことで津波の到来を6分間遅らせ、浸水深と遡上高さを3～5割減らした。もし防波堤がなかったら、これらの値は1・4～2倍になり、被害量は格段に大きくなっていただろう」と話す。

残された時間、私たちはいかに備えることができるのか。いよいよ「国難との闘い」

に向けて最終準備に入らなければならない時を迎えている。

「半割れ」の恐怖

未曽有の「国難」をもたらす南海トラフ巨大地震で、最も警戒が必要とされるのは「半割れ」だ。想定震源域の東側と西側が別々にずれ動き、震度7級の巨大地震が連続して襲来することが懸念されている。一度の発生だけでも甚大な被害が生じるレベルとなるが、それが立て続けに発生すれば日本全体へのダメージは計り知れない。だが、地震列島・日本では「半割れ」が歴史的に繰り返されているのだ。

想定震源域が一気にずれ動くケースは「全割れ」と呼ばれ、今から300年ほど前の1707年に起きた「宝永地震」が当てはまる。南海トラフから西日本の下に沈み込むフィリピン海プレートと、西南にある陸のプレートとの境界が大きくずれ動き、遠州灘から四国までの沖合を震源に推定M8・6の巨大地震が発生した。政府の推計によれば、死者は2万人超で全壊・流失家屋は7万軒以上、壊れた堤防の合計長は800キロに達したとされる。

だが、それ以降に南海トラフで発生した巨大地震は「半割れ」が続く。1854年に「安政東海地震」（M8・4）が起きると、その30時間後には「安政南海地震」（M8・4）が発生。終戦前後には1944年の「昭和東南海地震」（M7・9）と、1946年の「昭和南海地震」（M8・0）が起きた。M8級の巨大地震が一度で終わらず、「30時間後」と「2年後」に再び襲っている。

2019年5月に政府が公表した「南海トラフ地震防災対策推進基本計画」は、南海トラフ巨大地震を次のように表現している。「我が国で発生する最大級の地震であり、その大きな特徴として、①極めて広域にわたり、強い揺れと巨大な津波が発生すること、②津波の到達時間が極めて短い地域が存在すること、③時間差をおいて複数の巨大地震が発生する可能性があること、④これらのことから、その被害は広域かつ甚大となること、⑤南海トラフ巨大地震となった場合には、被災の範囲は超広域にわたり、その被害はこれまで想定されてきた地震とは全く様相が異なると考えられること等が挙げられる」。

政府の想定によれば、「西側の半割れ」では四国や近畿、九州で震度7を記録し、関東や静岡でも震度3〜4が観測される。一方の「東側の半割れ」は愛知や静岡、三重で震度7の激しい揺れが生じ、関東甲信や近畿でも震度6強や6弱の強い揺れが起きる。この「連続発生」の間隔がどの程度になるのかは不明だが、もしも東西で連発することがあれば想定を上回る被害が日本全体で生じるのは間違いない。

基本計画は「南海トラフ巨大地震では、地震の揺れとそれに伴う火災による建物等の被害が、これまでの記録に残る地震災害とは次元の異なる甚大な規模であり、救助・救急活動、避難者への対応、経済全体への影響など、対応を誤れば、社会の破綻を招きかねないため、人的・物的両面にわたって、被害の絶対量を減らすという観点から、事前防災の取組が極めて重要である」としている。

最大震度7、津波高が最大30メートル超にも達する史上最大級の南海トラフ巨大地震が襲来すれば、救援活動も容易ではない。震度6弱以上または浸水深30センチ以上の浸水面積が10ヘクタール以上となる市区町村は、30都府県の737市区町村と超広域で被害が生じることに加え、時間差で起きる可能性がある「後発地震」に消防などが備えなければならないからだ。

一度の巨大地震発生であれば被災地に応援部隊が一斉に向かうことができるが、南海トラフ巨大地震の場合は「後発」を警戒して地元での活動にとどまることを余儀なくされる。政府は被災地域で「自活のため最低でも3日間、可能な限り1週間分程度の備えなどへの理解を進めることにも取り組む」とするが、巨大地震の連発によって被災地の救援・救助に遅れが生じる可能性は捨てきれない。関西大学の永田尚三教授（消防・防災行政）は「究極の事態では地域住民を守ることが最優先される。被害が少なくても、後発地震が起きるかもしれないという不確実な状況では、応援派遣できるかどうかは究極の選択を迫られる。できることには限りがあり、優先順位をつけなければならない」と語る。

一度目の激しい揺れに耐えた建物でも時間差で再び巨大地震に襲われれば、倒壊するリスクも高まる。現在の設計基準は「連発」を想定していないためだ。何とか避難して安心をつかんだと思っても、そのダメージから回復し切れていないときに二度目の大地震が襲うという信じられないことが現実に起こり得る。

政府は「半割れ」を想定し、2019年から「南海トラフ地震臨時情報」という防災情報の運用を始めた。南海トラフ沿いで異常な現象が観測された場合や地震発生の可能性が高まっていると評価した際に気象庁が発表するもので、テレビやラジオ、インターネット、防災行政無線などで伝達する。「巨大地震警戒」と発した場合にはすぐに避難できる準備を呼びかけ、発生後の避難では間に合わない可能性がある住民は1

週間の事前避難を行う必要があるとしている。

２０１６年版の「消防白書」によると、この年の4月14日と同16日に震度7を観測した熊本地震で地震の直接的な影響による死者50人、建物全壊８０００棟超に達した。ただ、一度目（Ｍ６・５）の揺れで４万４０００人を超える住民が約５００ヵ所の避難所に避難したため、約28時間後に起きた二度目（Ｍ７・３）の犠牲者を抑えることにつながったとされる。早期避難に対応していなければ、二度目の強い揺れで倒壊した建物被害に巻き込まれるなどして死者が10倍以上に膨らんでいた可能性があるという。

国内観測史上最大のMw９・０を観測した２０１１年3月の東北地方太平洋沖地震は、本震の2日前にＭ７・３の地震が発生。約１ヵ月後にはＭ７級の余震が発生し、復旧の遅れにつながった。時間差で連続発生し得る南海トラフ巨大地震では、建物や地盤の崩壊、液状化による被害拡大・二次災害なども懸念されている。

政府は２０２４年春までに被害想定の死者数を8割減らす減災目標を掲げるが、達成は困難だ。国力を大きくダウンさせる巨大地震の到来を前に、我が国は人口減少・超高齢社会を迎え、財政力が弱い「過疎地域」も２０２２年4月時点で８８５市町村に上っている。今や全国の自治体の半分は過疎化の悩みも加わっているのだ。

南海トラフ巨大地震で甚大な被害が想定されている高知や徳島、和歌山も例外ではなく、ハード対策や隣近所との助け合いに不安を抱える。東側と西側で巨大地震が連発したとき、日本は「動ける国」であるのか。被害を最小限に食い止めるカギは、やはり一人ひとりの避難準備と行動が握っているのは間違いない。

大津波から逃れられるのか

自然災害で最も多くの犠牲者を出しているのが津波だ。２００４年にインドネシア・スマトラ島付近で起きたMw９・３の巨大地震では大津波によってインド洋沿岸の20万人超が犠牲になり、２０１１年３月の東日本大震災（Mw９・０）で命を失った人の９割以上は津波による溺死や圧死などであった。３～10分程度で最大30メートル超の巨大津波が予想される南海トラフ巨大地震では「どこへ逃げるか」が生死を分ける。

津波は、地震が起きると断層の運動によって海底の地盤が隆起したり、沈降したりすることで発生する。津波が伝わる速さは海の水深が深いほど速く、（水深が10メートル程度の浅いところでは時速40キロほどに遅くなるものの）南海トラフのような深さではジェット機並みの速さで襲いかかる。さらに、海岸付近の地形（U字型、V字型など）で津波高は変化する。一般的に地震のマグニチュードが大きいほど津波の規模も大きくなる。

警察庁によると、東日本大震災の発生１ヵ月後までに岩手、宮城、福島で年齢を確認できた死者１万１１０８人のうち60歳以上は65・２％だった。発生から12年を迎えた２０２３年の集計（３月１日現在）では死者が１万５０００人超、行方不明者は２５００人以上に達している。想定を上回る巨大津波は人々に逃げる時間を十分に与えないことを物語る。東日本大震災の発生時、津波は警報・避難指示の発表から早いところで約20〜40分後に到達し、太平洋沿岸は大津波に襲われた。気象庁の検潮所で確認された津波高は福島県相馬《そうま》市で９・３メートル以上、宮城県石巻市で８・６メートル以上、岩手県宮古《みやこ》市は８・５メートル以上だ。陸上への遡上は40メートルを超えた場所もあった。津波による浸水は青森、岩手、宮城、福島、茨城、千葉の６県62市町村に及び、東京23区の約９割にあたる約５６０平方キロに達している。

　津波は海からだけでなく、河川に沿って逆流し、北上川では河口から49キロ上流まで遡上した。北上川の４キロ上流にあった宮城県石巻市の大川小学校では、児童74人と教職員10人が犠牲になった。東日本大震災で息子を失い、「語り部」を続ける石巻市の三條すみゑ氏は大津波が到達した後、大川小学校に駆け付けた消防団の姿を忘れない。中には自らの子どもが亡くなっている団員もいたが、必死で土の中から子どもたちを捜していた。遺体が見つかればよい方で、「見つかったか？」「よかったな」という言葉が交わされていたという。

東日本大震災発生時の津波は、Ｍ７・４の宮城県沖地震（１９７８年）や、その後の津波想定などを踏まえて策定されたハザードマップの浸水想定域をはるかに超えるものだった。２０１２年版の「防災白書」の記述は、巨大な自然災害への対策が難しいことを物語る。「これまで地震・津波の想定は、当該地域で過去数百年間に経験してきた地震・津波を再現することを基本としてきたが、今回の東日本大震災級の地震・津波を想定することができなかった。（中略）防波堤や防潮堤等の構造物だけでは自然災害を防ぎきることができないことが明らかになった」。

津波から命を守るには「１分でも早く、１メートルでも高く」避難することが基本だ。東北大学災害科学国際研究所の今村文彦教授は「人は逃げるときに頭の中の地理情報（認知マップ）にしたがって避難する傾向があり、それが正しい方向とは限らない」と指摘する。

津波避難の実態——何が生死を分けたのか

では、東日本大震災で襲来した津波から避難できた人は何が違ったのか。２０１２年12月に内閣府が公表した「東日本大震災時の地震・津波避難に関する住民アンケート調査」の結果によると、地震発生直後に津波の到達を意識した人は６割弱だった。大津波警報を見聞きして「必ず津波が来る」と思った人は３割強で、「大きな津波が来るかもしれない」と考えた人は４割弱。避難のきっかけは、揺れ具合の判断によるものが５割弱で、大津波警報と周囲からの呼び掛けによるものがそれぞれ３割弱だ。

揺れが生じている最中または収まった直後に建物から出た人の７割弱がそのまま津波からの避難をしていることがわかる。最初に避難しようとした場所は、市町村が指定した公民館などの避難場所と高台に逃げようとした人がそれぞれ４割弱だった。ただ、避難しようと思ったもののできなかった人のうち、気づいたときには津波が迫っていたという人も約６割に上っている。避難しなかった理由は「過去の地震でも大きな津波が来なかった」が約２割、「大津波警報が発表されたのを知らなかった」は２割弱で、思い込みや状況把握の課題も浮き彫りになった。一旦避難したが貴重品を取りに自宅に戻って逃げ切れなかった人もいた。

国土交通省の「津波避難を想定した避難路、避難施設の配置及び避難誘導について」（2013年）によれば、東日本大震災で津波が到達する前に避難を始めた人は約6割で、その際の避難手段は「自動車」55％、「徒歩」43％。避難距離の平均は徒歩423メートルだった。総務省消防庁は「500メートル程度」の避難距離を目安に掲げる。

今後の備えの状況――各地での取り組み

政府の中央防災会議は、南海トラフで最大クラスの巨大地震が発生した場合には九州から東海の広範囲で10メートル以上の津波が到達し、高知県黒潮《くろしお》町と土佐清水《とさしみず》市で34メートル、静岡県下田《しもだ》市では33メートルに達すると想定している。関東から四国にかけての23市町村でも20メートル超の大津波が予想される。震源域が近いため、到達時間が極めて短い点も恐怖だ。当時の想定から10年を経ているので、内閣府では評価・想定の見直しや対策強化の検討を行っている。

東日本大震災の発生後、全国には津波から逃げるための「津波避難タワー」が500棟近く建てられた。国や自治体が建設費を補助し、避難訓練を実施して備えている地域もみられる。ただ、高齢化が進む地域では「いざ」というときにタワーの階段をのぼることができるのか不安も広がる。「命山《いのちやま》」と呼ばれる自然を活かした避難マウンドや企業の高層ビルを避難ビルとして指定するところもあるものの、史上最大級の南海トラフ巨大地震が襲来したときに無事たどり着くことができるのかは未知数だ。

猛烈な揺れと津波に立ち向かう術はないのか。最近、注目されているのはスーパーコンピューターに加えて人工知能（ＡＩ）を活用した津波避難だ。

東北大学災害科学国際研究所や東京大学地震研究所、富士通、神奈川県川崎市はスーパーコンピューター「富岳《ふがく》」を使った津波シミュレーションをもとにアプリを開発中で、川崎市で子どもも高齢者も参加して実証実験を行った。富岳には約２万件の想定津波シナリオが入り、地図上の３メートル間隔でいつ、どこに、どのくらいの浸水があるのかを数秒で予測する。都市の津波は複雑な動きをする。津波からの避難は沿岸から離れることが原則であるが、都市域での津波の来襲方向は予想外になる。河川を逆流した津波が橋でせき止められたり、陸側からの津波が浸入することもある。さらに、幅員の広い道路を通り、路地を遡上。密集した建物の間を猛烈なスピードで波が迫ってくることも想定しなければならない。スマホがあればリアルタイムで予測を見ることができるうえ、登録した人同士が写真やコメントで危険箇所を知らせ合ったり、逃げ遅れた人がわかったりする仕組みがあるといい、3年後の実装を目指しているという。

東北大学災害科学国際研究所は、移動の困難な高齢者が逃げる手段として、企業と小型モビリティの開発も進める。同研究所の今村文彦教授は「声をかけられて避難を始めたお年寄りが多くいた一方で、『あなたが津波にのまれたら申し訳ない』と若者と一緒に逃げるのを躊躇してしまう人もいた。高齢者が遠慮せず自力で避難できる環境を作ることも大事」と指摘する。少子高齢化社会のもとでは年を追うごとに助けを必要とする人が増え、助ける側の人手は減っていく。小型モビリティは普段での活用があるが、路面の状態が悪くても運転ができるようにするなど災害時にも適用できる開発を目指している。

南海トラフ巨大地震に伴う津波は、首都・東京にも到達する。島嶼地域の最大津波高は式根島で約28メートル▽神津島約27メートル▽新島約27メートル▽利島約17メートル▽八丈島約17メートル▽大島約16メートル▽母島約16メートル▽三宅島約16メートル▽父島約15メートル▽青ヶ島約14メートル▽御蔵島約6メートルに達すると想定されている。区部の最大津波高は、江東区で2・63メートル

▽中央区2・42メートル▽品川区2・38メートル▽港区2・37メートル▽大田区2・25メートルと予測されている。

最も危険なのは、防潮堤があるから津波はここまで来ないだろうと安心してしまうことだ。地震が想定より大きければ防潮堤に亀裂が入ったり、津波で漂流した船がぶつかってダメージを受けることもある。先に触れたように、津波から身を守るためには「1分でも早く、1メートルでも高く」避難することが欠かせない。そのためには、いつでも避難できるだけの準備と避難先の場所を想定し、最新の情報にも注意していくことが求められている。

南海トラフ巨大地震で国はこう動く

南海トラフでの巨大地震は約100〜150年の間隔で発生している。直近が1944年の「昭和東南海地震」（M7・9）と1946年の「昭和南海地震」（M8・0）であることを考えれば、いつ巨大地震が襲来しても不思議ではないタイミングといえる。

では、南海トラフ巨大地震が襲いかかってきたとき、政府はどのような対応を見せるのか。国の中央防災会議幹事会が2015年3月に決定し、2023年5月に再改定した「南海トラフ地震における具体的な応急対策活動に関する計画」の中身を見ていこう。

基本的には首都直下地震における対処行動と同様に、国家の総力を挙げた応援活動が展開される。応援部隊の派遣規模は警察が約1万6000人、消防は約2万1000人に上り、自衛隊も約11万人投入される。国土交通省の緊急災害対策派遣隊「TEC－FORCE」は約1360人派遣され、航空機約490機、船舶約530隻も投じられる。医師や看護師らで構成する災害派遣医療チーム「DMAT」が陸路や空路で参集するのも同じだ。

国は地震発生直後の被害推計を踏まえて応援部隊派遣や物資支援の地方別割合を算定し、域内の警察・消防機関の勢力に比して甚大な被害が想定される「地震重点受援県」を特定する。静岡、愛知、三重、和歌山、徳島、香川、愛媛、高知、大分、宮崎の10県を想定しており、緊急輸送ルートの確保や救助・医療、物資・燃料の提供などに乗り出す。被災地からの要請を待たずに「プッシュ型」で支援するのも、首都直下地震における応急対策活動と同様と言える。

被災府県の拠点には発災後4～7日間に必要な救援物資を輸送する計画で、具体的には飲料水46万立方メートル、食料1億8000万食分、毛布5700万枚、乳児用粉（液体）ミルク42トン、簡易トイレ9700万回分、トイレットペーパー6500万ロール、生理用品9000万枚などを想定している。

南海トラフ巨大地震の被害想定

（2012年8月、2013年3月、中央防災会議）

【被害】

［死　　者］	最大約32万3000人
［負 傷 者］	最大約62万3000人
［建物被害］	（揺れによる全壊） 最大約134万6000棟 （液状化による全壊） 最大約13万4000棟
［避 難 者］	1週間後に最大約950万人
［帰宅困難者］	中京都市圏で約100万～110万人、京阪神都市圏で約220万～270万人

【ライフライン・インフラ】

（電　　力）	最大約2710万軒が停電
（上 水 道）	最大約3440万人が断水
（下 水 道）	最大約3210万人が利用困難に
（都市ガス）	最大約180万戸の供給が停止
（通　　信）	固定電話は最大約930万回線が通話できなくなる 携帯電話は被災直後は輻輳により大部分が通話困難、インターネット接続も利用できないエリアが発生
（道　　路）	道路施設被害が最大4万1000ヵ所で発生
（鉄　　道）	鉄道施設被害が最大1万9000ヵ所で発生
（空　　港）	中部国際空港、関西国際空港、高知空港、大分空港、宮崎空港で津波浸水が発生
（物　　資）	食料の不足量は発災後3日間の合計で最大約3200万食、飲料水は最大約4800万リットルが不足
（医療機能）	被災都府県で対応が難しくなる患者数は最大で入院が約15万人、外来が約14万人

関東から九州にかけてさまざまなダメージが生じ、経済被害が東日本大震災の約10倍にも達するという重要性を踏まえ、国家を挙げた応急対策活動のレベルは「首都防衛策」に匹敵するものだ。

ただ、この「南海トラフ巨大地震作戦」にも〝穴〟がないわけではない。一つ目は、南海トラフ巨大地震が東側と西側の時間差で連続発生する可能性があることだ。一度目の「半割れ」で甚大な被害が生じた場合でも、二度目の巨大地震に備えなければならない各自治体の警察や消防などが地元を離れることができるのかは疑問が残る。

巨大地震の連発が予想されるときには、計画通り他県に応援に回るほどの余力がない可能性は小さくないだろう。東西の道路が寸断される超広域の大災害発生時においては、それぞれの地元で活動するだけで精一杯となりかねず、消防や警察の応援の数は被害に対して不足している。京都大学の河田惠昭名誉教授は「起きてほしくないことは、そこまでは起こらないでしょうと考えてしまう。想像を超えることが起こるという、それなりの覚悟をしておかないと助からない」と指摘する。

2023年1月、東大地震研究所と京大防災研究所、東北大災害科学国際研究所は南海トラフ巨大地震が連続発生する確率を発表した。一度目の巨大地震が発生した後に、別の「後発地震」が起きる確率は約2～77％で、平時の約100～3600倍になると算出している。発生予測には不確実性が伴うものの、世界の他地域と比べて巨大地震が連発する発生確率は大きい可能性があるという。

そして、二つ目の課題は、南海トラフ巨大地震と首都直下地震が連動する可能性がある点だ。たとえば、南海トラフ巨大地震が連続して発生する前後で首都直下地震が襲来するケースが考えられる。最初に首都直下地震が発生すれば、国家の命運を賭けた大作戦は首都に向かう。つまり、南海トラフ巨大地震が起きても計画通りにリソースが割けないことを意味する。逆に南海トラフ巨大地震が最初に生じれば、首都防衛のための応急対策活動は力を大きく失う。

国は首都直下地震と南海トラフ巨大地震という二つの大地震が襲来した場合の対応は考えているものの、南海トラフ巨大地震の連続発生や首都直下地震との連動までは描き切れていないのだ。しかし、我が国の歴史を振り返れば「連続発生」「連動」は十分に起こり得ると言える。

いざ、そのときを迎えたら国はどうするのか。南海トラフ巨大地震の応急対策活動計画は改定されたばかりだが、大地震が単発ではなく連続して生じ得るとの前提に立

日本の主な地震・富士山噴火

1586年 1月18日	天正地震（M7.8±0.1）
1596年 9月 1日	慶長豊後地震（M7.0）
1596年 9月 5日	慶長伏見地震（M7 1/2）
1605年 2月 3日	慶長地震（M7.9）
1611年 9月27日	会津の地震（M6.9）
1611年12月 2日	慶長三陸地震（M8.1）
1703年12月31日	元禄地震（M7.9～8.2）
1704年 5月27日	能代の地震（M7.0）
1707年10月28日	宝永地震（M8.6）
1707年12月16日	富士山の宝永大噴火
1793年 2月17日	宮城沖の地震（M8.0～8.4）
1854年12月23日	安政東海地震（M8.4）
1854年12月24日	安政南海地震（M8.4）
1855年11月11日	安政江戸地震（M7.0～7.1）
1891年10月28日	濃尾地震（M8.0）
1896年 6月15日	明治三陸地震（M8.2）
1923年 9月 1日	関東地震（M7.9）
1924年 1月15日	丹沢地震（M7.3）
1933年 3月 3日	昭和三陸地震（M8.1）
1944年12月 7日	昭和東南海地震（M7.9）
1946年12月21日	昭和南海地震（M8.0）
1948年 6月28日	福井地震（M7.1）
1952年 3月 4日	十勝沖地震（M8.2）
1968年 5月16日	十勝沖地震（M7.9）
1978年 6月12日	宮城県沖地震（M7.4）
1983年 5月26日	日本海中部地震（M7.7）
1993年 1月15日	釧路沖地震（M7.5）
1993年 7月12日	北海道南西沖地震（M7.8）
1994年10月 4日	北海道東方沖地震（M8.2）
1994年12月28日	三陸はるか沖地震（M7.6）
1995年 1月17日	兵庫県南部地震（M7.3）
2003年 9月26日	十勝沖地震（M8.0）
2008年 6月14日	岩手・宮城内陸地震（M7.2）
2011年 3月11日	東北地方太平洋沖地震（Mw9.0）

った想定は欠かせないだろう。

地震は予知できるのか

未曽有の巨大地震は一体、いつ起きるのだろうか。技術が進歩し、「ChatGPT」といった生成ＡＩがさまざまな分野で応用される中、人々の期待は災害対策への活用にも向けられる。人類の悲願は地震の「予知」だ。はたして「発生前」の予知は可能なのか。

日本の「地震予知」で知られるのは、大森房吉氏と今村明恒氏の二人だ。当時、大森氏は東京帝国大学の教授で、今村氏は助教授だった。連続記録が可能な地震計を世界で初めて開発した大森氏は「日本地震学の父」と呼ばれ、地震予知の研究にも力を注いでいたことで知られる。

上山明博氏が著した『関東大震災を予知した二人の男』（産経新聞出版）によれば、大森氏は地震発生前に鳴き声をあげるといわれるキジを飼って検証した。キジが鳴く日時を記録し、地震計のデータとつき合わせる作業を重ねた。人間が感知できないレベルの初期微動を感じて鳴いているというのだが、キジが鳴いたときの半分近くで地震がみられたとされる。これをどう捉えるかだ。

地震を予知すると思われている生き物で有名なのは「ナマズ」も同じだ。大森氏はナマズについても検討を重ねている。地震発生前後に飛び跳ねるとされてきたナマズは、江戸時代の錦絵にも登場する生物だ。地震で生じる電磁波の変化を感知していると見た大森氏は、この変化によって騒ぐとの見方もしている。ただ、大森氏は当時の科学で地震を理論的に予知することはできないと位置づけている。

もう一人の今村氏は、1923年の関東地震を「予知」したといわれる人物だ。関東で周期的に大地震が起きることを予想した今村氏は1905年、「今後50年以内に東京で大地震が発生する」との論文を雑誌で発表。あまりにセンセーショナルな内容で人々は騒然となった。当時は根拠がない浮説として「ホラ吹きの今村」と呼ばれたが、実際に大地震が起きると「地震の神様」とも称されている。

はたして、地震を予知することは可能なのか。関東大震災から100年を迎えた2023年、東京大学の平田直名誉教授に最新の見解を問うた。結論を先に記すと、その結果はやはり「大地震の発生時期、場所、規模を予め知ることは難しい」というものだ。

地震大国の我が国は長年、地震の予知に期待して研究を続けてきた。ただ、2017年9月の中央防災会議でも「地震は予知できない」と結論づけられている。作業部会の最終報告書には「確度の高い地震の予測はできないため、法に基づく地震防災応急対策は改める必要がある」と記載されている。最新の科学をもってしても解明できないのだ。

東京都水産試験場では1992年までナマズと地震の関係を調べる研究が行われたことがある。水槽で地下水を使ってナマズを飼育し、振動計を設置して24時間、ナマズの動きを記録した。その結果、1978年から1990年までの13年間に都内で震度3以上の地震が生じた87例（一部は欠測）のうち、27例で異常行動が確認できたと報告されている（ナマズは電気信号に敏感に反応する性質のため地震以外に反応することもあった）。確率にすれば「3割の的中」だ。

気象庁の公式サイトでは「地震の予知はできますか？」との問いにこう答えている。「地震を予知するということは、地震の起こる時、場所、大きさの三つの要素を精度よく限定して予測することです」と説明。そのうえで「少なくとも『（時）一週間以内に、（場所）東京直下で、（大きさ）マグニチュード6〜7の地震が発生する』というように限定されている必要がありますが、現在の科学的知見からは、そのような確度の高い地震の予測は難しいと考えられています」。

また、動植物が地震を予知できるのかについては「動植物には、音、電気、電磁波、匂いなどに対する感知力が人間などに比べ格段に優れているものがあることは知られています」としたうえで、「地震の前兆現象も解明できていない部分が多いことから、地震の前にそうした異常行動・反応をする理由について科学的に説明できていない状況です」としている。

米大リーグで活躍する大谷翔平選手であっても「3割バッター」と考えれば、キジやナマズを飼う人もいるかもしれない。だが、大地震を間違いなく的中し、人々を救うような〝特大ホームラン〟を放つことは現時点の科学をもってしても困難だ。キジやナマズは、地震発生前以外にも鳴いたり暴れたりするのだ。

技術革新が地震対策につながることを期待する人は多いが、インターネット上の膨大な情報から質問に回答する自動応答システム「ChatGPT」が苦手とするのは、未来のことを質問されることにある。過去のデータをもとに回答することはできるが、未来の予測は難しい。はたして、地震の予知を可能にする技術が現れる日は来るのだろうか。

「地震の発生確率」はどう理解したらよいのか

政府は首都直下地震や南海トラフ巨大地震のように、主要な地震が今後30年以内に発生する確率を公表している。地震調査や分析、地域防災力の向上、そして何より一人ひとりの備えに活用することを期待したものだ。では、この発生確率というものはどう理解したらよいのか。

地震の発生確率は、過去の活動記録や地質調査などを定量的に分析し、統計的に発生可能性を評価したものだ。現在の地震学では規模や発生日時を正確に予測することはできないが、「ほぼ同じ場所」で「同じような地震」が繰り返すという仮定のもとに確率を評価して公表されている。この同じような地震の発生間隔には、本質的に「幅」がある。首都圏で発生するプレートの沈み込みに伴うM7級の地震は時間的に不規則に起きることが知られている。過去220年間に8回発生したので、平均発生間隔は27・5年だ。この値を使って、30年以内の発生確率が約70%と推定されている。しかし、この発生間隔は実際には0・3~71年と大きな幅がある。一方、M8級の巨大地震では、発生間隔の幅は、M7級に比べると小さく、次の地震が発生するまでの時間を予測できる。そのため、M8級の地震では、地震が発生すると次の地震の発生確率は減り、前の地震発生からの経過時間とともに確率が増加していく。この違いは知っておくべきポイントだろう。

たとえば、海溝型地震で代表的な南海トラフ巨大地震は、ユーラシアプレートの下にフィリピン海プレートが年間数センチずつ沈み込む場所で、過去1400年間に約100～150年という間隔で溜まったひずみを解放する大地震が繰り返されている。直近の1944年の「昭和東南海地震」、1946年の「昭和南海地震」から70年以上が経過しており、発生確率は次第に高まっている。1年ごとにおおよそ1ポイント増加する。

東京大学の平田直名誉教授によると、首都圏ではM8級の巨大地震は約200～数百年の周期で発生しており、関東地震クラスの地震が起きる確率は「今後30年以内にほぼ0～6％」と推定され少ない印象を持つかもしれないが、すでに100年経っており、また起きる可能性は決して少なくないという。一方、首都圏で発生するプレートの沈み込みに伴うM7級の地震の発生確率は、「今後30年以内に70％」で、この確率は大変高い。

平田名誉教授は「M8クラスの地震は約200年に一度起きる自然現象が、あるときは50年、200年に一度と幅がある。一度あると、しばらく起きないと思うのは願望からくるものだ」としている。

東京において切迫性が高い首都直下地震はM7級だ。さらに、「大地震の発生時期、場所、規模を予め狭い『幅』で知ることは難しい」（平田名誉教授）とされ、このM7級の地震の発生確率を求めるのに使ったのは、東は千葉県銚子《ちょうし》市、西は神奈川県小田原《おだわら》市、南は千葉県の房総半島、北は茨城県の霞ケ浦までの南関東全体で起きた地震だという。江戸や東京都心で起きた地震も含まれている。

日本は、揺れが襲来する前に通知する「緊急地震速報」を世界に先駆けて開発したことで知られる。新幹線を減速させ、工場の生産ラインを緊急停止できるほか、テレビやラジオ、防災行政無線、携帯電話などで速報を入手でき、命を守るために貴重なツールとして活用されている。将来、車が自動運転になった際にも期待できるかもしれない。

気象庁が全国にある約1700ヵ所の陸の地震計や海の観測網のデータを活用し、

強い揺れの到達時刻や震度を予想。「P波」(秒速約7キロ)と「S波」(秒速約4キロ)という二つの地震波の速度差を利用し、危険が迫ることを知らせる。

緊急地震速報が大きな地震で初めて機能したのは、2008年の岩手・宮城内陸地震だ。約100キロ離れた仙台では、速報によって地震波到達5秒前に地下鉄の自動列車停止装置が作動、走行中の11本が減速することができた。学校においても児童・生徒の避難に活用されている。ただ、速報発表から強い揺れが到達するまでの時間は数秒から数十秒程度と短い。震源に近い地域では対応が間に合わず、2023年5月5日の能登《のと》地方の地震では震度6強に見舞われた石川県珠洲《すず》市の大半が緊急地震速報から揺れが到達するまで「ゼロ秒」だった。首都直下地震の発生時にも緊急地震速報と揺れ始めの時間差は小さいと想定される。

平田名誉教授は、最初の揺れが一旦収まった後、再び強い揺れが起きることに警戒を促す。関東大震災の際は、M7・9の本震の5分後と約1日後にM7・3の余震、さらにその7時間後にM6・9の余震が発生した。1週間は厳重注意が必要だという。

地震の発生確率は、本質的に不確実な自然現象を統計的に評価したものだ。自然現象である以上、それがいつ起こるのか確実なことはわからない。発生確率の数字が小さいように感じられても、地震が発生しないということを意味しない点は注意しなければならない。1995年の兵庫県南部地震の活断層での地震発生確率は発生直前で、0・02〜8%だった。2016年の熊本地震の場合は0〜0・9%だったという。

大事なことは、いかなるタイミングで発生しても生き抜くことができるだけの準備を進めることだ。緊急地震速報が鳴り響いたらどう行動するのか、強烈な揺れが続いているときは歩くことも立つこともままならない。自宅の場合、どこで耐えるのかを事前に考えておく必要がある。

「内陸直下の地震」と「海溝型の地震」は何が違うのか

東京圏を襲う首都直下地震と、京阪神・中京都市圏に大打撃を与える南海トラフ巨大地震の発生確率はともに高い。だが、二つの大きな地震は揺れ方や被害の出方が異なる。日本の地震には「内陸直下の地震」と「海溝型の地震」があるためで、私たちが「正しく備える」ためには発生のメカニズムの違いと特徴を理解しておく必要がある。

今後30年以内に70%の高確率で発生するとされる首都直下地震は、東京近郊の真下にあるプレートが破壊されることで生じる大地震だ。浅い部分が震源になることもあるため、地表は突き上げられるような激しい「縦揺れ」がいきなり始まり、ほぼ同時に、強い横揺れが襲う。震源がどこになるのかあらかじめ知ることはできず、震源近くでは揺れが生じるスピードに緊急地震速報も間に合わないことも内陸直下で起きる地震の怖さだ。

スピードに加えて、陸地の真下から地表に伝わるエネルギーが衰えないため破壊力も高い。前触れがないまま突然猛烈な揺れに襲われることになれば、身を屈めるだけで精一杯という人が多いだろう。

内陸の直下で起きるため津波は発生しないことも特徴だが、地震による真下からの揺れが大きいため建物倒壊のリスクは高い。東京都が2022年5月に公表した被害想定は、都心南部でM7・3の直下地震が冬の夕方に発生すれば、全壊・焼失する建物は19万4431棟に達するとしている。想定される死者6148人のうち、建物倒壊の影響で命を落とす人は3209人と半数以上だ。

大きな破壊力と余裕時間の短さは、倒壊した建物からの出火や火災の延焼も招く。先の被害想定では火災による焼失が11万8734棟も生じ、火災の死者は2482人に上る。その他にも落下物や、急傾斜地や宅地造成地の崩壊、ブロック塀の倒壊などで亡くなる人も少なくない。

一方、今後30年以内に70〜80％の確率で襲うとされる南海トラフ巨大地震は「海溝型」で、M8〜9級と地震規模が大きく、沖合で発生するためエネルギーが広範囲に伝わる。国内観測史上最大のMw9・0を記録した2011年3月の東北地方太平洋沖地震は、太平洋側の日本海溝で二つのプレートがずれ動き、断層が破壊されることで生じた巨大地震だ。

大きな津波を伴う点も「海溝型」の特徴で、福島県・相馬で9メートル以上、岩手県・宮古で8・5メートル以上、宮城県・石巻で8・6メートル以上という巨大津波が襲来。青森から千葉までの6県62市町村の浸水範囲は約560平方キロに達した。

南海トラフ巨大地震は、静岡県・駿河湾から九州・日向灘にかけて海底に広がる南海トラフで、陸側のプレートと海側のプレートが一気にずれ動くことで生じる。巨大津波は東海から九州の広範囲で10メートル以上に達するとみられ、高知県黒潮町と土佐清水市で最大34メートルと予測されている。

突然激しい揺れが生じる「内陸直下の地震」と比べて、海底から襲来する「海溝型」は小さな揺れから始まる。エネルギーが陸地に到達するまで時間があるためで、しばらく時間を置いて横に揺さぶられるような大きな揺れが訪れる。

南海トラフ巨大地震が怖いのは、大都市の高層ビルを揺らす「長周期地震動」が発生しやすい点にある。名古屋大学の福和伸夫名誉教授によると、東京・大阪・名古屋は「堆積層」という軟らかい地盤が厚く堆積しており、長周期の揺れが増幅されやすい。そこに高層ビルが林立している。建物の揺れ幅は東京や名古屋の沿岸部で2〜4メートル、震源が近い大阪では最大6メートルになり、10分以上も大きな揺れが続くおそれがあるという。

ただ、南海トラフ巨大地震による首都の津波被害は限定的とみられている。東京湾は外洋からの入り口が狭いため、構造的に津波が発生しにくいとされるからだ。津波の到達時間は最も早い東京・大田区で86分となり、水門が閉じられれば市街地での被害を小さくすることが可能となる。とはいえ、島嶼部では高い津波による死者が想定されており、海に近いエリアは最大限の注意が必要になる。

1923年に発生した関東地震（M7・9）は相模湾北西部を震源とした「海溝型」で、伊豆半島東岸や神奈川、千葉などに津波が押し寄せて犠牲者が出ている。神奈川県では地盤災害も著しかった。これまでの教訓や正しい知識をもとに、事前準備と適切な避難行動によって被害を最小限に食い止めることが重要となる。

地震発生、ここにいたらどうする

では、大地震に襲われたとき、どのように避難すればよいのか。どこに「いる」か、どこに「逃げる」のかは生死を分ける。地震で強い揺れが生じる時間は人が感じるより実際には短いものの、激しい震動が突然襲ってきたら収まるまでは、むやみに移動するとかえって危険な目に遭うこともある。職場や建物の中、外出先で遭遇したときにはどのようにすればよいのか。

日本付近で発生する地震の強い揺れは、M7級で約10秒間、M8級は約1分間、M9級では約3分間継続するとされる。1995年の兵庫県南部地震は15秒程度、2011年の東北地方太平洋沖地震は長く続いたところで190秒間も揺れが続いた。

神戸市消防局がまとめた『阪神・淡路大震災の消防活動記録』は、大きな揺れの中で人々がどのような行動をとっていたのかを知ることができる。約2割は「自分の身を守るのに精いっぱい」で、「布団をかぶった」は3割近く、約4割の人は「何もできなかった」と答えている（複数回答によるアンケート）。

いきなり巨大地震が襲来すれば、思い通りに動くことができないのがわかるだろう。逆に言えば、何をどのようにすればよいかという瞬時の判断が生き残るために重要となることを意味する。

大地震の発生時、こんなところにいたらどうすればよいのか。専門家の見解をもとにポイントをまとめたのでご覧いただきたい。

大地震発生時「場所別行動リスト」

【家】転倒物から頭を守る
丈夫なテーブルがあれば下に隠れて揺れが収まるのを待つ。物が「落ちてこない」「倒れてこない」「移動してこない」ところがどこなのか事前に確認しておこう
身を守る場所がなければ、座布団などで頭を保護する。慌てて外に飛び出すと、転倒やガラスの破片などでケガをするおそれがある
揺れが収まったときに避難できるよう部屋の窓や戸を開け、避難口を確保。ガスの元栓を閉めて電気のブレーカーを切る

【職場】エレベーターは使用しない
高層ビルは高層階ほど大きく揺れる。棚は倒れ、コピー機のような重いものは大きく移動することがあるため事前にチェック。発生時はなるべく離れる
ドアや窓を開けて避難口を確保する。事前に確認しておこう
エレベーターは使用せず、階段で避難する。すでにエレベーター内にいる場合は揺れを感知したら最寄り階で降り、慌てずに行動する

【スーパーや大型商業施設】係員の指示に従う
デパートやスーパー、大型商業施設にいたときはショーウインドーや商品棚などには近づかない。階段の踊り場や柱、壁際に移動する。丈夫なテーブルや椅子が付近にあれば、その下に隠れる
慌てて非常口や出口に向かわず、係員の指示に従う。子どもと一緒にいるときは混乱ではぐれたり、危険な場所に移動したりすることがあるため手をつないで一緒に行動する
将棋倒しが発生する可能性もある。看板の落下やガラスの破片などに気をつけながら落ち着いて行動する

【路上】石垣やブロック塀から離れる
石垣やブロック塀などが崩れたり、付近の建物からガラスが飛散したりすることがあるため少しでも離れ、頭をカバンなどで保護する。瓦や看板などの落下物から身を守る
公園や空き地など広く、安全な場所に避難をする。近くに空き地がないときは、建物から離れた安全性の高い場所へ移動する
切れた電線、電柱には近寄らない

【地下街】火災にも注意を払う
停電が生じても非常用照明があるので落ち着いて行動する。太い柱や壁のそばで揺れが収まるのを待つ

非常口や階段に殺到すると危険。揺れが収まってから慌てずに地上に向かう

火災が発生したら地下街は危険。ハンカチや他の持ち物で口や鼻を覆い、煙が流れる方向に避難する

【電車の中】勝手に降りない

電車は地震発生時に緊急停車する。その衝撃にも備えて、つり革や手すりにしっかりとつかまる

窓ガラスの破片などにも注意。カバンや雑誌などで頭を保護する

緊急停車しても勝手に降りることはせず、乗務員の指示に従って行動する

【車の運転中】慌てて車外に出ない

揺れを感じたらスピードを落とし、ハザードランプを点灯して車を停車し、エンジンを切る。揺れが収まったら、近くの駐車場や広い場所に駐車する

慌てて車外には出ない。車を放置して避難するときは緊急車両の障害になることがあるためキーはつけたまま、ドアにロックをしない

高速道路を走行中だった場合は街路灯や周囲の防音壁の倒壊にも気をつける

震度6弱以上の地震で車両通行が禁止になる道路もある。地震発生時は「新たに車を乗りださない」ことが基本。情報を入手し、慌てずに行動する

【学校】校庭や屋上に避難する

蛍光灯や窓ガラスなどの破片に気をつけ、防災頭巾などで頭を保護する。机の下で身を屈め、頭を窓や壁と反対側に向けて身を守る

大きな揺れが収まっても、余震が次々と起こることも予想される。廊下や階段などはガラスの破片で危険なため、慌てずに校庭へ避難する

津波や高潮、液状化の被害が予想される学校は、屋上など安全な場所に向かう

【海岸付近】高台に避難する

とにかく高台に避難する。警報や注意報が解除されるまで絶対に海岸や低地に近づかない

津波は「第2波」の方が強いことがあるため、「第1波」を回避しただけで油断せず落ち着いて行動する

【山間地】余震や降雨にも注意

土砂崩れの危険があるため、急いで斜面や崖から離れる

余震や降雨などで土砂災害の危険性は高まる。揺れが少し収まってきたと思っても、油断は大敵だ

第3章　大災害「10の教訓」

この章では、過去の大災害から得られた教訓を考えたい。災害時にトラブルはつきものだが、何が奏功し、どのような課題があったのかを知るのは今後の備えに重要だ。

教訓①なぜ初動が遅れたか

◉何が起きたか

1923年9月1日の正午前、M7・9の関東地震が襲った。近代化された首都圏に襲来した唯一の大地震で、死者は10万人を超え、被害は南関東から東海地域まで広範囲に及んでいる。

このときの日本は「政治空白」が生じていた。政府の「災害教訓の継承に関する専門調査会」が2009年3月にまとめた報告書によると、1922年6月に内閣を発足させた加藤友三郎首相は翌年8月24日に死去。その8日後に関東大震災が襲いかかり、日本には首相が不在だった。

深刻な被害を政府が認識したのは巨大地震が発生した9月1日の夜で、本格的な対応は山本権兵衛内閣の成立を経た9月3日の朝まで遅れている。警視総監は戒厳令を適用し、軍を中心に救護活動や治安維持などが展開されたが、電話の途絶や庁舎焼失、人手不足などが混乱に拍車をかけた。

◉得られた教訓

政府は首都直下地震のような大地震の発生時、「非常時優先業務」態勢に移行する。職務代行者の選任や緊急的に権限を委譲し、1週間は外部からの補給なしで優先業務を実施できる体制を目指している。

関東大震災が発生した9月1日は土曜日で、行政が十分な対応をできなかった反省を踏まえ、中央省庁の庁舎に緊急参集できる要員を確保。首相官邸が使用できない状態になったときには段階的に代替拠点に移転し、自治体や関係機関との連絡・調整にあたる。

関東学院大学工学総合研究所の若松加寿江研究員は「行政機関の準備不足と危機意識の欠如は人命に関わる。常に意識を高めて訓練を」と指摘する。過去の地震で被災地となった自治体では、リーダーが被災し意思決定者が不在になったり、役場の建物が被災した、停電に備えた非常用電源設備の使い方がわからなかったため防災無線や一般電話が使えず、携帯電話も輻輳してつながらなかった——など初動対応に課題を残した事例も多い。事前に備えてさえいれば速やかに動けたケースは少なくない。その教訓を活かしていくことが被害の最小化につながる。

日本は、住民に避難情報を発令する権限が市町村長にある。このため、総務省消防庁は「危機を乗り切れるかどうかは市町村長の判断と行動にかかっている。全責任を負う覚悟をもって陣頭指揮を執ることが必要」と住民により身近なリーダーに求めている。その役割とは、①本庁舎に一刻も早く駆け付ける、②体制（災害対策本部等）をつくる、③被害状況を把握する、④目標・対策について判断（意思決定）する、⑤住民に呼び掛ける——というものだ。

米国のFEMA（連邦緊急事態管理庁）には「プロアクティブの原則」というものがあり、①疑わしいときは行動せよ、②最悪の事態を想定して行動せよ、③空振りは許されるが、見逃しは許されない——という3点を重視している。緊急時には混乱がつきものだが、国や自治体などには「空振りはしても、見逃さない」対応が求められる。

教訓②空き地で「３万８０００人」焼死

◉何が起きたか

関東地震が発生したのは、１９２３年９月１日正午の２分前だった。多くの家庭では昼食準備のため薪がくべられ、倒壊する家屋から上がった火の手があちらこちらに燃え広がった。この日は台風が近づき強風で、当時の東京市内では記録されているだけでも火災が１３６件発生している。

９月３日午前10時まで46時間にわたって延焼し、旧東京市全体の43%が焼失。焼失割合は日本橋区で１００%、浅草区は96%、本所《ほんじょ》区95%、神田区94%という深刻な状況となった。震災で犠牲となった10万５０００人超のうち、９割は焼死とされる。

悲劇は、避難先として安全とされていた本所区横網町の空き地「陸軍被服廠跡」（約7万平方メートル）で起きた。３方向から強風にあおられた炎が迫り、火災旋風が生じて約３万８０００人が火の海に巻き込まれた。多くの人々は大八車に家財道具を積んで避難していたが、布団や洋服、タンスなどが燃え草になったとされる。

◉得られた教訓

関東大震災の被害実態を解明してきた名古屋大学減災連携研究センターの武村雅之特任教授は「大八車が被害を拡大させた。家財を持って逃げないという江戸の教えを忘れてしまった」と指摘する。

江戸時代は「火事と喧嘩は江戸の華」と言われるほど頻繁に火事が発生した。特に江戸の下町は人口密度が高く、裏路地にも長屋が並び建っていた。3年に一度は町の大半を焼き尽くす大火に見舞われていたとの記録も残る。

1746年4月、江戸町奉行は大火事発生時に家財の持ち出しを禁止する「お触れ」を出している。「出火の節、建具ならびに諸道具を往還（道路）に持ち出し置くこと、または大八車に積む者がいるが、道路の通行の妨げになっている。前にも触れを出しており、これに反するのは不届き至極に付き、これからは見つけ次第召し捕る。また道具などは取り上げる。追って吟味の上、当人はもちろん、家主から町の五人組まできっと相とがめる」（『江戸町触集成　第五巻』）。

関東大震災の際は、横浜市の横浜公園にも避難者が殺到したが、横網町のような悲劇はみられなかった。武村特任教授は、近隣には事業所が多く、家財のような燃えやすい物が運び込まれなかったためだと分析する。

関東大震災の発生後、各地で防火避難のための公園が整備された。横網町の被服廠跡地は都立横網町公園となり、空き地の少ない都心部で貴重な防災空間になっている。

東京都は震災時に拡大する火災から命を守るために避難する場所として公園や緑地、大学などを「避難場所」に指定しており、2022年7月時点、その数は区部で220ヵ所を超える。避難所や避難場所は、東京都の「東京都防災マップ」(https://map.bosai.metro.tokyo.lg.jp)に一覧が掲載されているので、事前に把握しておくとよいだろう。

武村特任教授は「現代で言えば、車で逃げてはいけない。車は可燃物で、渋滞で玉突きになれば逃げ場を失う」と警鐘を鳴らす。最優先で守るべきは家財ではなく、命だ。緊急時は何を、どうするのか混乱することがあるが、あくまでも燃え広がる物は持ち運ばないよう気をつけなければならない。

教訓③避難者が全国へ

◉何が起きたか

1923年の関東大震災発生時、東京市の人口は約220万人だった。政府の「災害教訓の継承に関する専門調査会」が2009年3月にまとめた報告書によると、東京市では震災で約150万人が家を失い、新学期が始まったばかりの小学校も196校のうち117校が焼失した。避難者には上野公園などに小屋を作る人もみられたが、多くの人々は「生活する場所」がない。

そこで鉄道相は、9月3日に「震災に伴う罹災民救助の為当分の内震災地域各駅発罹災民は航路運賃共無賃輸送の取扱を為すべし」という無賃輸送の指令を出した（『国有鉄道震災誌』）。翌4日に鉄道が復旧すると避難者は全国に飛び散り、千葉県に約15万人、埼玉県に約30万人、愛知県にも約15万人が避難した。

軍艦で静岡県の静岡港に輸送される人もみられ、東京は一時空っぽになるほど人々が避難のため転出し、親戚などの家に身を寄せている。

◉得られた教訓

被災者を受け入れた地域では、避難者の就学支援なども行われ、寺院や劇場などで食事が提供されたという。前出の武村特任教授は「関東大震災発生時は、政府が『無賃乗車』を認めたことで家を失った多くの人が逃げられ、被災地の混乱を避けることができた。関東大震災がどういう震災だったのか日本各地で知られているのは、全国の家庭で避難者を受け入れる支援が広がったことが大きい」と語る。

2011年3月に発生した東日本大震災の際も、被災地から移動する人が目立った。総務省が同年9月に発表した「東日本大震災の人口移動への影響」によれば、岩手・宮城・福島3県の同3~8月期の転出超過数は42年ぶりに3万8000人を超えている。6~8月期には東京圏からも転出する人が相次いでおり、少しでも被災地から遠くに離れたい気持ちが人々に強かったことがうかがえる。

被災者は発生から12年が経過した2023年2月時点でも3万人が全国に散らばったままだ。転出超過状態は時間とともに和らぐものの、家を失った被災者をどのように支援していくのかは重要なポイントだ。

首都直下地震や南海トラフ巨大地震で大都市圏に甚大なダメージが生じれば、関東大震災のときと同じように大勢の避難者が地方に向かう。「遠い被災地外」でそれだけの人々を支援できるのかは疑問だ。

当然ながら、自然災害は「行政の枠」を超えて襲いかかる。一つの自治体だけで対応するのは無理で、「被災地」と「被災地外」が連携しなければ被害が拡大しかねない。

東京都と札幌市や静岡市、京都市、大阪市など政令市20市が締結した「21大都市災害時相互応援に関する協定」は1986年に発効し（当初は11大都市）、首都圏では9都県市（東京都、埼玉県、千葉県、神奈川県、横浜市、川崎市、千葉市、さいたま市、相模原市）が独自で十分な応急措置ができない場合に連携協力する協定を締結。災害時に予想される被害を共有し、総合的な防災対策の共同研究や支援策などを検討している。

こうした枠組みは重要で、首都直下地震や南海トラフ巨大地震のような大地震の襲来をにらめば、近隣自治体だけでなく、より広域の被害発生を想定した連携強化が求められる。

家を失った人々が暮らすことができる仮設住宅や民間住宅の借り上げ、生活必需品の提供や心身のケアといった支援の輪をいかにカバーしていくのか。大地震の襲来時には国と自治体間の連携がカギを握る。

教訓④命をつなぐ隙間

◉何が起きたか

史上初めて震度7を観測した1995年の阪神・淡路大震災は、10万棟以上の住宅が全壊し、死因の約8割は家屋や家具の下敷きになったことによる窒息死や圧死だった。

約3万5000人が瓦礫の下に生き埋め状態となり、いたるところで助けを求める小さな声が聞こえたという。瓦礫をかき分けて救出された人が後に意識を失って亡くなるケースも相次いだ。阪神・淡路大震災で広く知られるようになったのは「クラッシュ症候群」の怖さだ。

救助後、病院に到着してから死去したケースで最も多かった「クラッシュ症候群」。手足が家具や瓦礫の下で長時間圧迫を受けると、血流が止まって筋肉が壊死し、カリウムやミオグロビンといった物質が血中に混じると、毒性の高い物質がたまる。これが救出で圧迫から解放されると今度は血流に乗って全身をめぐり、腎不全や不整脈を引き起こす。阪神・淡路大震災では370件超に上り、50人が死亡したという。

◉得られた教訓

兵庫県監察医による阪神・淡路大震災で亡くなった人の死体検案結果によれば、9割超が「地震発生から14分以内」に命を失っている。倒壊リスクが高い建物に暮らす高齢者や若者が目立っており、大地震発生時に命を守るためには揺れに脆い建物から避難することの重要性を物語る。

ただ、クラッシュ症候群をにらめば「救出」できても安心とはいかない。圧迫が広範囲で強ければ、たとえ短時間であっても致命的となる可能性があるのだ。当時現地で応援にあたった元東京消防庁職員の菅原哲夫氏は、経験則から救出の際に「15センチが勝負」と隊員に伝えていた。人を助けるときにはある程度のスペースが必要であるが、倒壊家屋等で必要以上にスペースを確保しようとすると崩落などの二次的災害が発生する危険があるため、15センチを一つの目安としていたという。だが、「救出後」も圧迫された時間や部分を救急隊員や医師が把握し、それに応じた処置をとらなければ命を失う危険性が消えることはない。

2004年8月、日本初のDMAT（災害派遣医療チーム）である「東京DMAT」が発足した。都内の指定病院に所属し、研修を受けた医師・看護師ら救命のエキスパートたちで構成するチームだ。消防や自衛隊とも協力しながら、応急治療や広域搬送などを行う専門的なトレーニングを受けている。

翌年からは全国で編成され、災害発生から原則12時間以内に現場に急行する。災害発生時には消防や自衛隊の救出活動が注目されるが、DMATによる救急医療は現場に医師が駆けつけ、専門的な見地から処置を判断するものであり、その重要性は増すばかりだ。クラッシュ症候群の治療にはカリウム濃度を低下させるための点滴や毒性を弱める投薬、人工透析治療が検討され、「救出後」の人命を守る。

教訓⑤安全神話の崩壊

◉何が起きたか

1995年の阪神・淡路大震災で、阪神高速神戸線が635メートル倒壊した姿は、地震工学者たちにも大きなショックを与えた。ちょうど1年前、1994年1月17日の米ノースリッジ地震でも高速道路は倒壊していたが、「日本の場合は脆くない」と誰もが疑っていなかったからだ。

当時の神戸高速鉄道「大開《だいかい》」駅は天井が「く」の字に折れ曲がり、中柱が倒れて「地下鉄は大丈夫」との神話も崩れた。地上にある国道・大開通は幅約17メートル、長さ約120メートルにわたって陥没した。通行止めの道路が相次ぎ、応援に向かう自衛隊や消防などの緊急車両も渋滞に巻き込まれている。

◉得られた教訓

安全とされた高速道路や地下鉄が崩れた原因は、「想定外」の強い揺れが発生したことだ。震災当日に現地へ駆けつけた東京大学の目黒公郎教授（都市災害軽減工学）は「桁違いに強い揺れに見舞われた神戸では橋脚も崩れた。知識や技術を過信し、妄信していた。自然の脅威を勝手に見切っていたと思っていたことを反省すべき」と振り返る。

世界で最も厳しい耐震基準を採っている――。この見解は政府だけでなく、地震工学者の中にもみられていたものだ。しかし、巨大地震は予知することができない点を含め、その破壊力を完全に解明することは困難と言える。

耐震設計や基準は何度も見直されてきたものの、２０１１年の東日本大震災に伴う福島第一原発事故のように「想定外」は絶えず生じる。もはや「安全神話」は成り立たず、その備えを欠かさないことが重要なのだ。

一日１００万台が通行する首都高は、開通から半世紀を経た２０１３年から大規模改修に着手している。損傷による補修件数は年間5万件近くに上っており、ひびや亀裂が生じていないか、といったチェックも行われている。

東京都が管理する橋梁の多くは、関東大震災からの復興期と高度経済成長期に整備されたものだ。約1200橋のうち、50年を超える橋梁は2023年時点で4割。20年後には8割近くが「高齢化橋梁」となる。定期点検で「やや注意」「注意」「危険」と判定された橋梁は約6割を占めた（2017年～2019年度）。補修が必要な橋梁は建設時と同等の性能まで回復させる。

また、東京都の山岳トンネルの約6割、開削トンネルも約4割は建設後35年以上が経過（2022年3月時点）し、「高齢化」が進行している。日頃の点検に加え、内空断面を正確に計測して変形を確認するレーザー計測や、内部のひび割れなどを把握する画像計測なども採り入れ、劣化や損傷が進行する前に補修・補強する予防保全型管理に取り組んでいる。

教訓⑥救出に向かえない消防

◉何が起きたか

神戸市によれば、1995年1月17日午前5時46分に発生した兵庫県南部地震で、神戸市消防局には発生とほぼ同時に「119番」通報が殺到した。設けられた118回線がすべて鳴り響き、受信件数は午前7時までに441件、この日だけで7000

件近くに上っている。多くは倒壊した家屋の下に「生き埋め」状態となった人々の救助を求めるものだった。

地震発生直後には神戸市内で火災も多発し、木造家屋が密集する神戸市の長田区《ながた》や須磨《すま》区では次々と延焼して大規模な火災がみられた。しかし、消防隊員は道路陥没や建物の倒壊、倒れた電柱などによって行く道を塞がれ、なかなか現場に到着できない。水道管の損傷に伴う断水で消火栓は機能せず、防火水槽の水もすぐに尽きて学校のプールや河川からの水が使われた。

被災地に親族を心配して向かう車も多く、緊急車両も大渋滞に巻き込まれて到着が遅れた。応援要請を受けた東京消防庁の陸路部隊は15時間かけて神戸市に入ったが、火災が落ち着いたのは18日。当時の被災地に強風が吹いていれば、火災被害はさらに拡大していたのは間違いない。

◉得られた教訓

東京消防庁には「目の前に火があるのに水が出ない。こんな悔しさを二度と起こしてはならない」という教訓が共有され、翌年の１９９６年12月に通常の消防力では対応が困難な救助にも迅速に対処する部隊が編成された。特殊な技能・能力を持つ隊員や装備で構成し、多数の人命を早期に救出することを目的としたスペシャリストの集団「ハイパーレスキュー隊」（消防救助機動部隊）だ。

大型重機や特殊車両を配備し、初期微動があった段階で検知できる「早期地震警報システム」や、人の鼓動を瓦礫の中から見つける「地中音響探知機」も備える。送水車は海や河川に水中ポンプを投入し、最大毎分8000リットルを送水。それを「ホース延長車」で最大2キロ延長し、遠いところの水も消火に活用できる。2011年の東日本大震災発生時や海外の大規模災害などにも派遣され、現在はドローンを活用した人命救助も行っている。

阪神・淡路大震災の際、電柱は8000本近くが倒壊した。倒れた電柱は道を塞ぎ、緊急車両の行く道を遮る。国土交通省の試算によると、首都直下地震が襲来した場合には1万7000本もの電柱が倒壊するという。

2016年には「無電柱化の推進に関する法案」が可決され、2017年6月には東京都が全国初の「無電柱化推進条例」を制定。大災害時に救命・救助の障害となり得る電柱を地中化する動きも加速している。

教訓⑦誰が高齢者を助けるのか

◉何が起きたか

災害発生時は、高齢者や障害者により深刻な被害を及ぼす。２０１１年の東日本大震災で命を失った人は6割超が60歳以上の高齢者だった。障害者の死亡率は住民全体の2倍に達している。自ら避難することができなかったり、寝たきり状態だったりする人の救助・救命が間に合わなかったことも原因の一つだ。

高齢者や障害者には避難先でも試練が待ち受ける。復興庁によると、避難生活などで命を落とす「災害関連死」は東日本大震災発生からの12年間に３７００人を超え、約9割が高齢者だった。慣れない避難生活で持病が悪化したり、肺炎や心疾患を引き起こしたりするケースは後を絶たない。

◉得られた教訓

同志社大学社会学部の立木茂雄教授（福祉防災学）は「平時は福祉のプロが介入して在宅で過ごせている人が、いざ災害発生となったときに福祉と防災のはざまで取り残されている」と語り、福祉と防災の垣根を越えて災害対策を行うことを提唱する。2022年版の「高齢社会白書」によると、総人口に占める75歳以上の人口は、2054年まで増加傾向が続くと見られている。75歳以上の人口は1950年に107万人で総人口のわずか1%だったが、2021年は1867万人で15%。これが2065年には全人口の約3・9人に一人という割合になる。

75歳以上の「要支援・要介護」認定率は3割を超えており、避難時に支援が必要な人が増え続けるのは間違いない。厚生労働省によれば、「在宅サービス」の利用者（1ヵ月平均）は2000年度の124万人から2020年度には393万人と20年で3倍に増えている。自宅で助けを待つ高齢者をいかに救うのかは大きな課題だ。

2013年に国は災害対策基本法を改正し、自治体には避難の際に支援が必要な「避難行動要支援者」を把握するための名簿作成が義務づけられた。さらに2021年からは支援優先度が高い人には福祉専門職が個別に避難計画を作成することが市区町村の努力義務とされた。また、2024年4月からは居宅介護サービスを提供する事業者にも災害時の業務継続計画（BCP）作成が義務づけられる。

南海トラフ巨大地震で津波被害が懸念される大分県別府《べっぷ》市は、福祉の専門職と行政が高齢者や障害者の事情に合わせた支援策や避難場所、避難経路などを検討する取り組みを行い、平時のケアプランに加えて災害時のBCPとして災害時ケアプラン『避難移動編』『避難生活編』を作っている。立木教授は「防災担当が福祉事業所へ、福祉の専門職が防災ラインへ『越境』することで縄張りや干渉しないという『壁』を破って地域の行動を促し、当事者が参画できる土壌を作った」と評価する。

防災は自治体の役割が大きいが、高齢者や障害者のことをより知る「福祉のプロ」の知見と力も欠かせない。東京都内でも首都直下地震を見据えた行政と福祉の垣根を越えた連結が進んでいる。

教訓⑧消防団員を守れ

◉何が起きたか

災害発生時、現場に向かう消防や救急隊員らは危険と隣り合わせになる。地域に密着し、災害現場の最前線で活動する消防団員も同じだ。2011年3月の東日本大震災発生から約1年半後、一つの報告書が注目を集めた。被災した岩手、宮城、福島3県の消防団員の死者・行方不明者が250人を超えていたからだ。

総務省消防庁が2012年にまとめた「東日本大震災を踏まえた大規模災害時における消防団活動のあり方等に関する検討会報告書」によると、団員たちの殉職直前の活動は「避難誘導」が6割で最も多く、水門の閉鎖や状況確認をしていたメンバーも3割に上っている。

消防団員は非常勤特別職の地方公務員だ。生業を持ちながら災害が起きたときには現場へ駆けつける。寝たきり状態の高齢者を救助していたときに住宅ごと流された団員や、高齢者を背負いながら避難する際に津波に巻き込まれた団員もいた。殉職した消防団員は30～40代で6割を占め、働き盛りのメンバーが犠牲になっている。

◉得られた教訓

消防団は江戸時代の火消しが起源とされ、団員数は1954年に約202万人に上っていた。だが、2022年4月時点では約78万人と過去最少になり、高齢化も進む。

総務省消防庁は2012年、津波災害が予想される全国664市町村に対して消防団活動の安全管理マニュアルを策定するよう要請。「津波災害時は住民が率先避難することを基本とし、退避を優先する必要がある場合には消防団員も避難のリーダーとして住民と一緒になって率先避難することが望ましい」としている。

２０１３年には「消防団を中核とした地域防災力の充実強化に関する法律」が施行され、処遇の改善や装備の充実、教育訓練の改善などが定められた。

消防行政を研究する関西大学の永田尚三教授は「消防団員は巨大災害に対応するにはわずかな装備で実践的な訓練も少ない。ただ、『共助』の柱は消防団。地域における役割は大きくなっており、土木や医療の専門性などを備えた特別部隊をつくるなど強化していく必要がある」と指摘する。

災害発生時は、機動力がある消防団による情報収集力も重要だ。最近では大規模火災で上空からの情報を集めるドローンも導入されている。奈良市消防団も２０２３年２月にドローンによる情報収集部隊を創設し、災害発生時の状況確認などにあたる。

東日本大震災では、港湾部などの水門を閉めに向かった多くの消防団員が津波に巻き込まれて犠牲になった。この教訓を踏まえ、国は２０１４年に成立した改正海岸法で津波や高潮の発生時に水門を操作する担当者の安全管理を都道府県などの管理者に義務づけた。水門の自動化も進められており、国交省によると、国管理で遠隔操作が可能な水門は全国の約10%、水位で自動操作可能な水門は16%に上っている。最前線で活動する消防団員をいかに守っていくのか。それは二次災害防止の観点からも重要な課題と言える。

教訓⑨子どもをいかに守るか

●何が起きたか

巨大地震の襲来時、学校にいる児童・生徒をいかに守るのかは教職員たちの大きな課題だ。２０１１年の東日本大震災で児童74人、教職員10人が命を失った宮城県石巻市の市立大川小学校をめぐる賠償訴訟は管理下のポイントを投げかける。

児童23人の遺族が宮城県と石巻市を相手に約23億円の損害賠償を求めた訴訟で、行政側は「予見可能性がない」などと主張した。遺族側は学校沿いを流れる北上川の堤防の一部が１９７８年の宮城沖地震の際に損壊しており、具体的な避難場所を定めたマニュアルをもとに避難訓練をし、津波警報で動けていれば命は救われたと訴えた。

学校には津波到来時の避難先の具体的な指定がなく、当時は校長も不在だったため教職員は校庭で避難場所をどうするのか話し合っていたとされる。児童たちは津波が襲うまでの約50分間待機し、堤防付近の「三角地帯」に向けて避難を始めたところを津波が襲った。校庭に至った津波は渦を巻いていたという。

2018年4月26日、仙台高裁は学校側の事前の防災体制に不備があったとして県と市に約14億4000万円の支払いを命じ、県と市は上告したが、2019年10月、最高裁第一小法廷は上告不受理等の決定をし、二審・仙台高裁判決が確定した。東日本大震災では22都道府県の約8000校が被災した。原告遺族の代理人の一人、吉岡和弘弁護士は「たまたま機転の利く先生がいたなど紙一重だった学校も多い。学校防災の事前対策として県や市の教育委員会らによって校長会や中堅幹部らの勉強会が行われてはいたが、末端の学校で活かされておらず最後の詰めが甘かった。教師は船長と同じで最後の一人の子どもが逃げるまで逃げられない。過酷な職場だという認識をすべき」と語る。児童・生徒の命を預かる教育現場には高い安全確保策が求められることを意味する。

◉得られた教訓

いざというとき、どのように児童・生徒の安全を確保するのか。文科省は判決を受け、全国の学校にこれまでの学校防災体制や防災教育が適切であったかを振り返り、危機管理マニュアルなどを見直すよう通知。危機発生時の役割分担や複数の避難場所設定等を留意ポイントとして伝えている。また、保育所などの計画となるのがＢＣＰだ。緊急事態が発生した際に重要な事業を継続し、短期間で復旧させるための体制や方法を示す事業継続計画を意味する。２０２３年４月には、児童養護施設や保育所などでＢＣＰの策定が努力義務化された。

２０２２年８月の東京都の調査によれば、都内の策定状況は「認可保育所」47％、「認証保育所」37％、「事業所内保育事業」26％、「幼保連携型認定こども園」19％、「家庭的保育事業」２％となっている。「児童館」は42％、「学童クラブ」は37％、「一時預かり事業」は31％だ。東日本大震災の教訓を踏まえれば、まだ十分とは言えない状況にあるため、東京都は個別相談に応じながら策定支援を続けている。

どこに、どのように避難し、誰が、いかに行動するのかは生死を分ける。ＢＣＰ策定は全員が共通認識を持ち、心構えをする意味でも有効と言えるだろう。

教訓⑩被災者を支えるボランティア

◉何が起きたか

阪神・淡路大震災が発生した1995年は「ボランティア元年」と呼ばれた。約140万人ともいわれるボランティアが被災地に駆けつけ、炊き出しや物資運搬、給水、避難生活の支援などさまざまな分野で活躍し、被災者に寄り添ったことは記憶に新しい。多様なニーズに対応しきれない行政を補完するボランティアの活躍は重要さを増す。

ボランティア精神は1923年の関東大震災の際にも生まれていたことはあまり知られていない。全国から有志が駆けつけ、被災者救護などにあたっていたのだ。1977年の創立100周年を記念して刊行された『東京大学百年史』によると、大学の本郷キャンパスは建物の3分の1が焼失し、大学構内には約3000人が避難していたという。

学生は「帝大救護団」を組織し、避難者を支援。上野には約8000人の避難者がいたが、学生たちは仮設便所をつくったり、救援物資を公平に分配したりと奮闘し、被災者支援に尽力したとされる。

こうした若者たちのボランティア精神は、阪神・淡路大震災の際も注目を浴びた。当時、関西学院大学に勤めていた同志社大学の立木茂雄教授によると、大学生は電車がストップする中でも次々と自然に集まり、交差点での手旗信号や避難所支援をしていた。立木教授は学生たちに「『何でもやりますから仰って下さい』と言ってはダメだ。被災者は何かを頼む余裕はない。言われたら動く人ではなく、『こんなことをやりましょうか』と共感する人になれ」と見送ったという。

◉得られた教訓

１９９５年に災害対策基本法が改正され、国や自治体は「ボランティアによる防災活動の環境の整備」に努めなければならないと規定された。日本の法律に「ボランティア」という言葉を明記したのは初めてだ。

２００４年の新潟県中越地震からは、社会福祉協議会が災害ボランティアセンターを開設し、個人ボランティアの窓口になっている。専門性を持ったＮＰＯ（特定非営利活動法人）やＮＧＯ（非政府組織）も発足し、ボランティアは東日本大震災をはじめ多くの被災地で活躍している。

２０１３年の災害対策基本法改正は国や自治体とボランティアの連携を明記し、情報共有会議も開催されるようになった。２０１６年の熊本地震では被災市町村の災害ボランティアセンターに11万人以上の個人が全国から駆けつけ、避難所の運営や支援物資の供給、センターの運営支援などを担っている。

格言に「まさかのときの友こそ、真の友」とある。被災前から災害時のことがイメージできていれば、平時のうちから準備していくことができる。首都直下地震や南海トラフ巨大地震が襲来したときをイメージし、自分たちに何ができるのかを考えておくことは我が国を救うことにつながるかもしれない。

地震学者らはこう備えている

地震に備えることの難しさは、最新の科学をもってしても予知することができず、ある日突然襲来することにある。では、地震学者たちはどのように準備しているのか。「餅は餅屋」という言葉があるように、専門家たちは「こう備えている」という9つのポイントを紹介する。

ポイント①半年に一度の家族会議
名古屋大学減災連携研究センターの武村雅之特任教授

子どもが学校に通っている頃は、妻と高齢の両親と半年に一度、地震に襲われた場合にどこに逃げるのか避難場所を確認していた。地震が起きれば仕事上、職場に向かわなければならず、家族との合流ポイントを確認しておく必要があるからだ。電話はつながらないことを前提に集合場所を決め、離れた場所で被災した場合には「○○小学校の南門の前」「午前9時と午後5時に10分間待つ」と具体的に決めておく。自宅から避難したときには玄関ドアに「逃げている」と張り紙をしておくことも大事だ。

ポイント②外出時に持ち運ぶモノ

京都大学の河田惠昭名誉教授（関西大学社会安全研究センター長）

出張の際も宿泊は控え自宅に戻るようにしている。災害発生時に電車がストップすると、帰宅できなくなるおそれがあるからだ。また、停電時に開かなくなる可能性があるコインロッカーには荷物を預けない。外出時はリュックに食料とペットボトルを入れ、時には非常用に弁当を持ち歩いていることもある。けがをしたときに塗る抗菌軟膏、ウェットティッシュも常備し、地下鉄に乗るときにはペンライトもあるとよい。

ポイント③エレベーター乗車前にすること

京都大学の河田惠昭名誉教授

エレベーターを利用する前には必ずトイレに立ち寄っている。地震発生時に中に閉じ込められたら、いつ出られるのかわからない。最近は非常用品を備蓄するエレベーターもあるが、トイレに行くことはできない。足を踏み入れたことのない街に向かうときは周辺にあるトイレの場所もチェックしている。慣れない場所に行く際には、子どもを連れて出かけているイメージで、事前に情報収集をしておくと安心だという。

ポイント④1週間生きる必需品

東京大学の目黒公郎教授（都市災害軽減工学）

災害発生時に避難所ではなく、自宅で1週間生きるために必要なのは水、食料、トイレだ。忘れずに置いておきたいのは「卓上のガスカセットコンロ」「密閉袋」「風呂の水」の3点セットだという。密閉袋に食材を入れて、風呂の水を利用して湯煎すれば、同時に多数の料理ができる。地震で停電し、冬にエアコンもつかないことを想像すれば身を温めることもできる。季節ごとに家庭で一日電気を使わず生活をしてみる

「訓練」をすると、何が足りないかがわかるという。

ポイント⑤耐震基準は最低ライン

早稲田大学の長谷見雄二名誉教授（建築防災）

「頑強な家」が自慢だ。若い頃、「日本の木構造の父」と呼ばれた東大名誉教授・杉山英男氏に、自宅の設計図を見せたところ耐震基準は満たしていたものの、「それは最低基準だ」と説明された。家族からは開放感や使い勝手を気にして反発もあったが、杉山氏に会議で会うたび「直したのか？」と確認されて壁を2枚増強。震度5強が発生してもモノがまったく倒れない、落ちない、ビクともしないマイホームを手に入れた。

ポイント⑥津波まで残された時間

東北大学災害科学国際研究所の今村文彦教授（津波工学）

出かけるときには、地域ごとのハザードマップを確認している。浸水範囲の他に津波到達時間が記載されている。この到達時間が最も重要で、津波の第一報が来たら、どんなアクションをいつ取らなければならないのか、あらかじめイメージを作っている。津波到達時間がわかれば、残された時間の目安がわかる。到達まで30分以内ならテレビも見ずに高台に逃げる。地図情報を頭に入れて、さまざまな場所を知っておくことが大事だという。

ポイント⑦リーダーの心得

拓殖大学の番匠幸一郎客員教授（元陸上自衛隊西部方面総監）

現役時代、朝の歯磨きタイムは「今日、自分に起きる最悪のこと」をイメージしていた。尖閣諸島が攻撃されたら、ミサイルが飛んで来たら、巨大災害が発生したら、自分はどう指揮するかを頭の中で巡らせた。想定外のことが起こらぬようすべて想定する。大切にしている言葉は「prepare for the worst and hope for the best.」。起きる前は最悪を想定して抜かりなくすべて準備する。起きてしまったら右往左往せず最善を信じて意思決定をする。災害派遣の場合は「牛刀主義」で部隊を投入し、結果的には空振りでよい。人命救助が最優先であることを明確にして部隊を動かすことで、チームに気持ちを共にする一体感も生まれる。

ポイント⑧今風「自立住宅」

名古屋大学の福和伸夫名誉教授（構造一級建築士）

ライフラインが途絶しても生活が継続できる今風の「自立住宅」に住む。首都直下地震が襲来したとき、東京都内で暮らす娘も受け入れられる。自宅の耐震化はもちろん、屋根の太陽光パネルやエネファームでエネルギーを生み、ハイブリッド車や蓄電池で電気をためる。畑で野菜を作り、井戸も掘った。何が起きても自給自足できるよう備えている。

ポイント⑨高齢者こそ地震保険

東京都立大学の中林一樹名誉教授（東京都防災会議専門委員）

地震保険は単独契約できず火災保険に付帯する。保険金は掛け捨てで高いのだが、毎年どこかで災害に襲われている被災者への「義援金」の先払いであると考えることにしている。今日は助ける側でも、次は助けられる側になるかもしれない。被災者生活再建支援法では、持ち家全壊で基礎支援金100万円に加えて、住宅再建時に200万円の加算支給がある。地震保険金の支払いを足せば約1000万円をこえる大きな住宅再建の頭金になる。自宅を失うと、災害救助法ですべて支援される避難所生活になるが、その後の仮設住宅での生活になると、家賃以外の光熱水費をはじめすべての生活費が自前になる。貯金を取り崩せば、住宅再建のローンが組みにくい高齢者にとって、地震保険の加入は個人の事前復興対策ともいえる大きな備えになる。

人命を左右する応急処置

「有事」には、互いの助け合いが重要性を増す。最たるものは救命・救助のサポートだ。もちろん、速やかに「119番」通報で消防車や救急車を呼ぶのが鉄則なのだが、有事を迎えたときには容易に「つながらない」という覚悟も持たなければならない。そのときのあなたの行動が隣人や家族、友人らの命を左右することを意味する。

総務省消防庁の「救急救助の現況」(2021年版)によると、通報から救急車が到着するまでの時間は全国平均8・9分だ。しかし、これはあくまでも平時のケースである。阪神・淡路大震災の際は神戸市で地震発生とほぼ同時に118回線ある「119受信専用回線」がすべて受信状態となり、119番通報はやむことなく鳴り続けた。

大地震の発生時でなくとも、有事には「つながりにくい」「到着が遅れる」といった事態は生じる。たとえば、新型コロナウイルス感染拡大の影響で２０２２年に東京消防庁が受信した「１１９番」は、１０３万６６４５件と前年から13万８３２６件も増加した。救急車の出動件数は87万２０７５件で前年比約12万８０００件増。いずれも過去最多だった。救急業務は逼迫して現場到着が遅れたり、搬送先の病院まで時間がかかったりするケースが相次いでいる。

災害発生時に重要となるのは「現場の人々」の行動だ。２０２２年９月、東京・世田谷区の路上で70代男性が心肺停止状態で倒れ、付近に居合わせた４人で心肺蘇生に懸命に取り組んだ。そのおかげで男性は消防隊員が到着したときには鼓動が回復し、約１ヵ月後には社会復帰している。

このときに活用されたのは、東京消防庁が導入している「Ｌｉｖｅ（ライブ）１１９」だった。通報者のスマホを使い、現場の映像を災害救急情報センターに送信できる仕組みで、管制員がビデオ通話で負傷者や現場の映像を見ながら応急手当などの方法をアドバイスし、現場の通報者らが実践した。２０２０年９月から導入し、２０２２年度は１３９３件の活動実績がある。

救急隊の到着までに応急手当が実施された場合、１ヵ月後の生存率は「なかった」

場合と比べて約1・8倍、社会復帰率は約3倍も異なるとされる。その理由は、心停止すると1分ごとに救命率が7〜10%下がるといわれているからだ。心停止3〜4分後から脳細胞が死滅し始め、血流の維持が生死を分ける。

阪神・淡路大震災では、約3万5000人が倒壊した家屋などの下に生き埋め状態となり、家族や近所の人々らが必死にバールやノコギリなどを用いて多くの人命を救った。高確率での発生が予想される首都直下地震や南海トラフ巨大地震などの脅威に備えるには、互いに助け合う準備と覚悟を持っておく必要があるだろう。

もちろん、すべての人が応急手当をできるわけではない。だが、助けを求めている人の胸と腹部の動きを見て、通常みられる呼吸がない場合には119番通報とAED(自動体外式除細動器)の手配を頼むことはできるはずだ。応急手当を実施できる人は、胸骨圧迫(心臓マッサージ)を行う。左右の手を重ねて胸の中央を押す。胸が5センチほど沈む強さで、1分あたり100〜120回のテンポで押すのがポイントだ。

大事なのは、①普段通りの呼吸が戻る、②AEDが到着する、③救急隊に引き継ぐまで絶え間なく行うこと。救急隊の到着前に手を止めてしまう人もいるが、心臓マッサージを止めてしまえば血流が止まることを意味する。小児の場合は成人に比べ肺の酸素がなくなってから心臓が止まることが多いため、胸骨圧迫30回と2回の人工呼吸を組み合わせることが望ましい。人工呼吸は気道を確保し、1回に1秒ほどかけて胸が上がるのがわかる程度に2回吹き込む。

AEDが到着したら、落ち着いてカバーを開ける。自動的に電源が入るので、音声指示に従って胸に電極パッドを装着し、通電ボタンを押す。最新のAEDには電極パッドを貼ったら自動通電する装置も開発されている。救急隊が駆けつけるまでは、現場にいるあなたがその人の生死を左右する。AEDが設置されている場所は「日本救急医療財団全国AEDマップ」(https://www.qqzaidanmap.jp/) で確認できるので、自宅や職場の周辺など日頃から確認しておきたいところだ。

あまり知られていないかもしれないが、町会や自治会などの防災倉庫には瓦礫を除去して救助するための資機材が入っている。ドアやシャッターなどをこじ開けるバールや、隙間を確保するジャッキ、ブロック塀などを壊すハンマーなどがある。緊急時は動転し、避難するので精一杯という人は多いだろう。しかし、少しでも人命救助するだけの余裕があるならば力を分けてほしい。あなたは人が助けを求めていたら、駆け寄る勇気がありますか?

第４章　富士山噴火・気象災害・弾道ミサイル

富士山噴火と地震は連動する

新型コロナウイルスの感染拡大まで年間20万人を超える登山者が訪れた日本最高峰の富士山は、溶岩や火山灰を噴出して現在のシルエットが形成された。直近の噴火は１７０７年の「宝永噴火」まで遡るが、富士山はまぎれもなく日本一の活火山だ。２０２１年に富士山噴火を想定したハザードマップが改定され、関係自治体は〝休眠状態〟から目覚めることを警戒する。だが、最も危険なシナリオは「地震」と「噴火」の連動であることを忘れてはならない。

富士山は、フィリピン海、ユーラシア、北米（オホーツク）という3つのプレート境界に位置する我が国最大の玄武岩質の成層火山だ。前回の「宝永噴火」から３００年以上が経過しているため「富士山はもう噴火しない」と誤解している人もみられるが、過去５６００年間には約１８０回もの噴火が起きてきた。単純計算すれば約31年に一度のペースで、休眠状態にある今日が〝異常〟と言える。富士山の長い歴史を紐解けば、「いつ噴火してもおかしくない」と見ることもできるのだ。

注目すべきなのは、「地震」が「噴火」を誘発するとも考えられることだ。内閣府によれば、20世紀以降に世界で発生した大地震の発生後、数年以内に誘発されたと考えられる火山活動が相次いでいることがわかる。

たとえば、20世紀最大の噴火とされる1991年のフィリピン・ピナツボ火山噴火は、1990年7月のフィリピン地震の11ヵ月後に噴火した。2004年のインドネシア西部スマトラ島沖地震が起きた4ヵ月後にはタラン山、1年3ヵ月後にメラピ山、3年後にケルート山が噴火。日本でも2011年の東北地方太平洋沖地震発生後に北海道から九州にある22の火山で火山性地震の増加がみられている。

東北大学の西村太志教授（地球物理学）は世界の地震と噴火の関係を解析し、大地震による火山噴火の誘発メカニズムを明らかにした。強震動だけでは火山噴火を誘発するとは言えないものの、大地震発生の応力解放によって膨張を受ける火山はマグマ内の気泡成長などによりマグマ上昇が促され、噴火が発生しやすくなる。

ペットボトル入りの炭酸水にたとえるならば、蓋を取った瞬間に圧力が緩むことで泡が上がってくるイメージだ。大地震の震源の周囲には、潰れていたスポンジが解放されたような「膨張場」と「収縮場」ができる。このうち「膨張場」にある火山（０・５マイクロストレイン以上）は大地震発生から10年ほどの間、火山噴火の発生頻度が２～３倍高まるのだという。東日本大震災の際には東北から関東まで広い範囲に「膨張場」がみられ、西村教授は「地震で発生した『膨張場』に噴火準備ができている火山があると、地震が噴火のトリガーになるのではないか」と指摘する。

国土地理院では、数十億光年離れた天体からの電波をパラボラアンテナで受信して、プレート運動などを測定していた。約６０００キロ離れたつくば市とハワイの距離を約15年にわたって測った結果、毎年約６センチずつ近づいていたが、東北地方太平洋沖地震で約65センチ接近したことがわかったという。地震直後には観測史上最大の地殻変動が生じ、震源地に近い宮城・牡鹿《おしか》半島付近で５・３メートル、千葉県銚子市付近でも17センチの変動が観測されている。

東京大学の辻健教授（物理探査）らは、２０１６年４月の熊本地震が半年後の熊本・阿蘇山の中岳の火山活動に影響したことを解析した。地殻内を伝播する人間には感じることのできない微小な振動（微動）を利用することで、地震後、マグマだまりの近くの弾性波速度が低下したことを明らかにした。さらに噴火後、弾性波速度は上昇した。弾性波速度とは、地盤を伝播するP波やS波の速さを表し、地盤の硬さや水圧の状態の変化を反映する。この弾性波速度の変化から、地震でマグマだまりの圧力が上昇し、噴火を誘発したこと、さらに噴火後に圧力が下がったことが明らかになったという。

辻教授は「弾性波速度や波形の時間変化、山の膨らみのデータを組み合わせ、AIで噴火前に見られる重要なシグナルを見つけ出せば、噴火の危険度を予測することが可能になる。すでにある程度の精度では予測できることが確認できている」と研究を深める。

言うまでもなく、日本は世界有数の「火山国」だ。世界には約1500の活火山があるといわれるが、その1割近くが我が国に存在する。気象庁は今後100年程度に噴火の可能性があることを踏まえ、富士山を含む50ヵ所の火山を24時間態勢で監視している。だが、西村教授が指摘するように「地震が噴火のトリガー」となることがあれば、大地震の襲来とともに富士山の噴火が誘発される急展開も想定しなければならない。

実際、今から約320年前の宝永噴火が起きた直前には巨大地震が襲来しており、その恐怖が再来しない保証はまったくない。東京大学の藤井敏嗣名誉教授（山梨県富士山科学研究所所長）は、「南海トラフは富士山の近くを揺らす。富士山がそれまでに噴火をしていなければ、南海トラフ巨大地震が噴火を誘発する可能性は高い」と警鐘を鳴らす。高い確率で発生すると予想される首都直下地震、南海トラフ巨大地震の襲来に加え、富士山の噴火が重なる「大連動」にも備えなければならない時期を迎えているのは間違いない。

富士山が噴火したらどうなるのか

富士山は300年以上も「眠り」続けている。だが、最高峰の活火山が目を覚ませば広範囲に被害をもたらすのは言うまでもない。首都の治安を維持する警視庁は、大規模噴火への警戒心を隠さない。「富士山がいつ『起きる』のかはわからないが、噴火して都市機能が集積した首都圏に降灰が2週間続き、国民生活や社会に大きな混乱が生じるとのシミュレーションがある」と危機感を募らせる。降灰下でも警察職員が屋外での活動を継続できるようゴーグルやヘッドライトといった装備品の配備を進めている。都は2023年5月に有識者を交えた「富士山噴火降灰対策検討会」を立ち上げ、降灰除去等に向けた具体的な検討に入った。２０２３年７月、全国知事会議が開かれた山梨県の会場では、長崎幸太郎知事のもと、火山のある23都道県が課題の共有を行った。

では、富士山が噴火したら何が起こるのか。富士山の防災対策は２０００年から本格的に検討されてきた。富士山直下で低周波地震が多発したのがきっかけで、２００１年７月に国と関係自治体が「富士山火山防災協議会」を設置。２００４年から富士山周辺の住民にハザードマップが配布されている。

２０２１年３月に17年ぶりに改定されたハザードマップのポイントは、市街地に近い場所に過去の火口が複数認定されたこと、富士山北麓の青木ヶ原溶岩流を作ったマグマの体積が当初は「宝永噴火」と同程度だと見られていたが、この溶岩流を噴出した「貞観噴火」（８６４～８６６年）は２倍近くの13億立方メートルだったことがわかった点にある。

溶岩流の流出量が増えると、流下する距離が長く、速度も速くなることが考えられる。火口ができる場所にもよるが、山梨・富士吉田市や静岡・富士宮市などでは噴火から２時間程度で溶岩流が到達する可能性があり、静岡・裾野《すその》市などでは12時間後には到達の可能性がある。溶岩流が3時間以内に到達する可能性がある範囲の避難対象者は、前回のハザードマップの約1万6000人から11万6000人と7倍になった。

2023年3月に静岡、山梨、神奈川3県などが策定した避難計画によると、避難対象地域や早期避難対象者数は拡大している。宝永噴火と同等の爆発的噴火が起こった場合、火山灰は、富士山周辺で最大数メートル以上と想定され、静岡・御殿場《ごてんば》市50センチ以上、神奈川県中部10〜30センチ、東京都心でも2〜10センチが降り積もる。

降灰の影響と対策を検討する内閣府のワーキンググループによると、首都圏への影響が最大となるケースでは除去が必要となる火山灰の量は、東日本大震災の際の瓦礫の10倍にあたる4・9億立方メートル。

降雨の場合、3センチほど積もると、二輪駆動車は走行が難しくなり、10センチ以上だと四輪駆動車でも動けなくなる。降灰中は視界不良などによって走行不能になる。鉄道のレールに0・5ミリ以上火山灰が積もると、鉄道は運行停止を余儀なくされ、飛行機は微量でもエンジン内に火山灰を吸い込むと重大なトラブルが発生するおそれがあるため空港が閉鎖。降雨があれば火山灰は導電性を帯び、停電が発生し、火山灰がアンテナに付着すれば通信障害も発生する。

富士山噴火の被害想定

（2004年の内閣府「富士山ハザードマップ検討委員会報告書」、2021年3月の富士山火山防災対策協議会「富士山ハザードマップ」、2023年3月の同協議会の「避難基本計画」）

【被害】

［死傷者］
最大約1万3000人の可能性

［停電］
最大約108万世帯

［通行不能道路］
最大約1万4600キロ

［経済被害］
2兆5000億円以上

［避難対象］
山梨、静岡、神奈川の3県27市町村の住民約80万人

［溶岩流］
3時間以内に到達する区域の住民約11万6000人

［火山灰］
・静岡県御殿場市付近　最大50センチ程度積もる
・横浜市付近　最大10センチ程度積もる
・東京都新宿区　最大10センチ程度積もる

藤井名誉教授は「富士山で想定されている大きさの噴火は世界で数年か数十年に一回は起きているが、最近はいずれも僻地で起こっており、交通網や電気通信が発達した巨大都市で起きた例がない。首都圏のような場所では、鉄道が止まり、道路が通れず物流が停滞すること、広域停電も起こり得ることを想定しないといけない」と指摘する。30センチも積もれば雨を含んだ火山灰の重みで木造家屋が倒壊する可能性も生じる。浄水場は水質が悪化し、浄水施設の処理能力を超えると断水になるおそれがある。東京都の水道局では浄水場に覆いをかける作業を急ピッ

チで進めた。防災科学技術研究所の「火山灰の健康影響」によれば、ぜんそくや気管支炎、肺気腫など健康面での影響も注意が必要という。

噴火と言えば一時的なものと思われがちだが、前回の「宝永噴火」(1707年)は12月16日から翌年の元日まで約16日間も続いたとされる。火口から東方の地域では大量の火山砂礫や火山灰が降り積もり、厚さは麓で3メートル以上、遠く離れた江戸でも4センチ程度みられたとされる。

仮に同じレベルの噴火だったとしても、令和時代の今日に2週間以上も首都機能が大打撃を受けることになれば、国家としてのマイナスは甚大だ。加えて、江戸時代に起きた巨大地震との「大連動」が生じれば、激しい揺れに襲われて壊滅的な状態に陥ったときに空からの大量の降灰が追い打ちをかけることになる。

そのときに国や自治体、そして国民には何ができるのか。最も大切な命を守るために「最悪」を想定した準備を急ぐ必要があるだろう。

増加する気象災害

国連のIPCC(気候変動に関する政府間パネル)が2023年3月に公表した報告書

は、世界で気候変動の危機が生じていることへの警告を発した。2100年までに世界の平均気温が産業革命前と比べて2度上昇した場合、平均海面水位は2014年までの20年間の平均から最大60センチ近く上昇するというのだ。生後3ヵ月程度の赤ちゃん1人分の水位が上昇する異常事態は、自然災害の被害が深刻化する時代に入ることを意味する。

「過去半世紀の気温上昇率は、2000年間で最も高くなっている。二酸化炭素の濃度は少なくとも200万年間で最も高く、気候の『時限爆弾』は刻々と進んでいる」。国連のグテーレス事務総長はIPCC報告書に関し、このように強く警告した。気象庁によれば、世界の年平均気温は上昇しており、2022年の基準値（1891〜2020年の30年平均値）からの偏差はプラス0・24度で、1891年の統計開始以降6番目に高かった。日本に限れば、偏差はプラス0・60度で4番目に高い。

世界気象機関（WMO）は2021年8月、暴風雨や洪水、干ばつといった気象災害が過去50年間で5倍近くに増加したと発表し、地球温暖化が進行すればさらに頻度や強さは増すとみられている。日本は脱炭素社会の実現に向けた取り組みを強化しているが、地球上で温室効果ガスを大幅に削減できる「魔法」は見つかってはいない。世界では気候変動の影響を受けて異常災害が相次いでいる。

２０１２年10月に米国史上最大の都市災害といわれたハリケーン「サンディ」の襲来は、潮位が増す満月の夜で、ニューヨーク市のマンハッタンを中心に海面を３・９メートル上昇させ、高潮災害をもたらした。地下鉄や海底トンネルが水没し、約８０万世帯が停電している。サンディ発生後、市は壮大な気候変動プロジェクトに着手した。マンハッタンの東南部をU字型の高台で囲み、災害時には堤防、普段は憩いの水辺空間になる「ビッグUプロジェクト」が進行中。ニューヨーク港ではＮＰＯ主導で海水を浄化するカキを育て、洪水時には緩衝材として岸壁を守る「ビリオン・オイスター・プロジェクト」に学校や企業が参画し、学びの場にもなっている。それでも、ニューヨーク市の諮問機関「気候変動に関するニューヨークパネル」（ＮＰＣＣ）は、２１００年にマンハッタンの海岸は１２７センチ上昇し、最悪の場合には２７４センチ上昇する可能性があると警鐘を鳴らす。気候変動はこれまでの予測を超える凄まじいスピードで加速しており、起きることに対処していくだけでは間に合わない。元ニューヨーク市都市計画局職員で、米国で都市政策専門のコンサルタントとして活動する古澤えり氏は「気候変動はエンジニアリングだけでは解決しない。建築やランドスケープはもちろん、教育や保健、社会福祉など様々な専門家が共同で取り組む必要がある。また、行政主導の手法だけに頼るのではなく、住民やNPOを巻き込んだプロジェクトに育てることが大事」という。

マレーシアでは2021年12月に「100年に一度」といわれる大洪水が起きた。通常の1ヵ月分に相当する一日300ミリ超の降水量を記録し、地滑りなどが発生。2022年には南アフリカ南東部で大雨による死者が500人超に達し、豪州でも春としては1900年以降で2番目に多い降水量がみられている。

海面上昇や自然災害の激甚化による被害の深刻化を防ぐため、東京都は2022年11月に全国で初めて防潮堤をかさ上げする計画案を公表した。東京湾に設けた総延長約60キロのうち半分近くをかさ上げする。高さは海抜ゼロメートルの東部低地帯で1・4メートルだ。

異常を早く察知するためAIの活用も進めている。江東区と港区の「高潮対策センター」はリアルタイムで水の流れを監視。全15水門の遠隔監視と操作が可能で、気象観測や予報、水位のデータからAIを使って水位の変動を予測し、最適な水門閉鎖のタイミングを知ることができる。

また、高潮時に迅速な避難ができるよう東京都はパソコンやスマホで観測データや海面の映像、水門の閉開状況などを公開している。

国連防災機関（ＵＮＤＲＲ）は、２０３０年までに中規模から大規模の災害発生件数は世界で一日あたり１・５件に達するとの見通しを示している。だが、トップを務める水鳥真美氏は「近年の自然ハザードの９割は気候変動に関連している。世界では全人口の３分の１が早期警報システムでカバーされておらず、人の命が危険にさらされたままだ。ＯＤＡ（政府開発援助）を見ても、災害被害を受ける前の減災に充てられている予算は非常に低い」と指摘する。

いつ襲来するのかわからない分野に予算を割くことよりも、目先の課題に重きを置いている傾向があるのだという。だが、自然災害はひとたび襲来すれば甚大な被害を生む。事前に対策と準備ができていれば被害を最小化することは可能だが、「いつ来るのかわからないものに予算をかけるのはもったいない」「自分には関係がない」と考えてしまえば無防備のまま脅威に挑むのも同然と言えるだろう。

２０２３年６月、日本列島は台風２号による記録的な大雨に襲われた。積乱雲が連なる「線状降水帯」が四国から東海にかけて11回発生し、浸水被害などが相次いだ。

この台風2号は「災害級の大雨」と事前に注意喚起されたため事前予想よりも被害は抑えられたが、もしも襲来が首都直下地震や南海トラフ巨大地震の発生と重なっていたらどうだろう。富士山の噴火による降灰の影響も大雨で深刻化する。

たしかに、異常災害はいつ襲ってくるのかはわからない。だが、逆に言えば「いつでも」発生し得るということだ。これまで何度も台風や豪雨、地震を乗り越えてきたからといって油断してしまえば、異常化・深刻化する猛威と闘うのは難しくなるかもしれない。自らが成長してきたように、自然災害も悪い方向に成長するという意識を持ち、最新情報に留意しつつ備えも見直すことが求められている。

弾道ミサイル発射の脅威

ここまでは、日本列島が4枚のプレートがぶつかり合う世界でも稀な位置にあり、災害大国であることを見てきた。だが、列島の地政学的特性も稀有であり、その脅威は国家と国民を脅かす。日本列島の地政学的特性は、ユーラシア大陸を接点に大陸の「出口」になっており、国際安全保障上最重要な位置にある。国土面積は約37万8000平方キロに過ぎないが、排他的経済水域と領海を足した面積は447万平方キロ、海岸線は3万5000キロ超に及ぶ。世界6位の領域の脅威となるのは自然災害だけではない。米国が秩序を乱していると指摘するロシアや中国、北朝鮮といった核保有国と向き合っているのだ。先の大戦から78年を数える我が国を取り巻く安全保障環境が、かつてなく厳しい状況にある点は忘れてはならないだろう。

2022年末、岸田文雄政権は外交・安全保障政策の根幹となる「国家安全保障戦略」など3文書を決定した。注目されたのは、敵の弾道ミサイル攻撃に対処するため発射基地を攻撃する「反撃能力」の保有を明記したことだ。国家安全保障戦略は「我が国は戦後最も厳しく複雑な安全保障環境に直面している」と位置づけ、中国やロシア、北朝鮮の動向を警戒する。

防衛の基本方針とされたのは「スタンド・オフ防衛能力等を活用した反撃能力」だった。日本周辺では質・量ともにミサイル戦力が著しく増強され、ミサイル攻撃が現実の脅威となっていると指摘した上で「この脅威に対し、既存のミサイル防衛網だけで完全に対応することは難しくなりつつある」と説明している。

低高度・高速・変則軌道という極超音速ミサイルや、大量の弾道ミサイルが撃ち込まれる「飽和攻撃」に対処するためには、迎撃による防衛だけでは対応が難しいことを意味する。政府は敵の射程圏外から攻撃できる「スタンド・オフ・ミサイル」を保有し、防衛費は2027年度に11兆円程度にまで増額されることになった。

ここで「おや？」と思った人もいるかもしれない。それは「これまで日本は弾道ミサイルを撃ち落とせる国ではなかったということか」という疑問のはずだ。我が国は2004年度からミサイル防衛（MD）システムを整備し、①イージス艦が海上から迎撃ミサイルを発射し、撃ち落とす、②それで撃墜できない場合は地上の地対空誘導弾ペトリオットミサイル（PAC3）が迎撃するという二段構えで対処してきた。

日本に向けて複数の弾道ミサイルが発射される「飽和攻撃」についても、2016年1月に政府は「複数の弾道ミサイルが我が国に向け連射された場合であっても、対処することは可能である」との答弁書を決定している。だが、大量のミサイル攻撃に遭った場合にすべてを撃ち落とすことが困難なのは自明だ。北朝鮮は2022年に70発近い弾道ミサイルを発射し、途中で向きを変える変則軌道のミサイル技術も持つ。先の国家安全保障戦略では中国やロシアを念頭に極超音速ミサイルに対処する必要性を強調しており、ミサイル防衛の限界を感じさせる。

陸上自衛隊で西部方面総監を務めた拓殖大学の番匠幸一郎客員教授は「北朝鮮は極

超音速のマッハ7、マッハ10のミサイルを持っていると主張し、高速で向きを変えるため予測できなくなる。また、ミサイルを海中から撃ったり、貨車やトラックに載せて撃ったりしており、すぐに撃てる固体燃料を使うなど技術も撃ち方も運用能力を高めている」と警鐘を鳴らす。

着実に弾道ミサイル能力を進展させる北朝鮮やウクライナに侵攻するロシアに加え、中国は日本や在日米軍を攻撃できる弾道ミサイルを約２０００発も保有しているとされる。現実的に考えれば、すべてを迎撃するよりも米軍による「抑止」に期待するしかないのが実情だ。

政府が決定した反撃能力の保有について、番匠客員教授は「すべてのミサイルを撃ち落とすことは困難。敵の基地や中枢をたたく能力を持っていれば『やめておこう』という抑止効果がある。大変意義のあることだ」と指摘する。

ただ、重要なことを忘れてはならない。それは反撃能力を保有したとしても憲法や国際法の範囲内で行使され、「先制攻撃」は許されないという点だ。つまり、専守防衛に変わりがないならば、迎撃できなかったミサイルが我が国に着弾するおそれがあることを意味する。敵が日本のどこに攻撃目標を定めるのかはわからないが、国家の中枢機能がある首都が狙われる可能性は低くない。東京・市ヶ谷の防衛省などにはPAC3が配備され、ミサイル攻撃への警戒を高めるものの、たとえ「1発」でも首都が攻撃されれば、被害とともに大きな混乱が生じるだろう。

2023年5月に北朝鮮が「衛星ロケット」を打ち上げると予告したように、開戦時に敵が事前に攻撃を通知することはありえない。半径数十キロの範囲を守ることができるPAC3は移動できるものの、フルに全国各地をカバーするだけの時間的余裕はない。自衛隊と米軍は数十発程度には対応できたとしても、それ以上の飽和攻撃に遭えば深刻な事態を迎えることになる。

ウクライナは欧米の支援を受けて、首都・キーウをロシアのミサイル攻撃から必死に守る。ソーシャルメディアには首都上空で迎撃した様子が拡散されているが、撃墜したミサイルが落下し、市民が負傷するケースも後を絶たない。隣国から我が国にミサイルが発射されれば数分で飛来する。そのとき、あなたは身を守ることができるだろうか。

ミサイル攻撃から逃げられるのか

2022年2月に始まったロシアのウクライナ軍事侵攻は、国境付近で激戦が繰り広げられる一方、ロシア軍によるミサイルやドローンなどの大規模攻撃がウクライナの首都・キーウを襲った。空爆から逃げようと地下シェルターに避難する人々の姿は世界中に発信され、その精神的・身体的なダメージに思いを寄せた人は少なくないだろう。だが、もしも日本で同様の事態が発生した場合、あなたはどうするだろうか。我が国には避難するにも地下シェルターが存在せず、「逃げ場」がないのだ。それは生死を分ける決定的な違いになるかもしれない。

冷戦時代に西側勢力と向き合う前線基地だったウクライナには、4000を超えるシェルターが存在するといわれる。キーウ州は2022年、ロシアによる核攻撃に備えて400ヵ所以上の核シェルターも地下に準備する計画を明らかにし、国民の避難先確保に力を入れてきた。地下100メートルにある地下鉄の駅も臨時シェルターとして活用されている。

米国やロシア、英国、イスラエルなどは核シェルターが普及しているものの、日本は「ほぼゼロ」だ。首都・東京には地下40メートル超の大江戸線などがあるが、防爆や換気など核シェルターとしての役割は期待できない。「核」に限らなくても、いざというときの避難先は乏しいと言える。

2017年、政府の「弾道ミサイルを想定したシェルターのあり方に関する検討会」は、既存の地下鉄駅では核ミサイルや生物化学兵器に対応できる気密性が困難と判断した。岸田文雄首相は2022年10月17日の衆議院予算委員会で「現実的に対策を講じていく必要があるという問題意識は持っている」と述べている。政府は沖縄県宮古島市にシェルターを整備する方針を固め、ガイドラインを年内に策定する予定だ。

自治体は国民保護法に基づき、ミサイル攻撃などの爆風被害を軽減するための避難施設として緊急一時避難施設を指定している。東京では大江戸線光が丘駅や丸ノ内線四谷三丁目駅、日比谷線秋葉原駅など地下鉄の駅に加え、都庁の地下駐車場など計4017ヵ所が指定されている（2023年3月31日時点）。

ただ、全国にある5万2490ヵ所（2022年4月時点）のうち、安全性が高いとされる地下施設は1591ヵ所と1割未満だ。ウクライナの国民は相次ぐ防空警報を受けて迅速に避難しているが、首都・キーウでは避難先のシェルターが開かず、ロシア軍のミサイル攻撃で亡くなるケースもみられた。2022年12月に日本政府はシェルター整備の方針を打ち出したものの、「いざ」というときに避難できるのか、ミサイル攻撃などに本当に耐えられる避難先なのか人々の不安は尽きない。

2022年、北朝鮮は過去に例のない頻度でミサイル発射を繰り返した。この年のミサイル発射は37回と過去最多で、我が国の安全保障上の脅威は目の前にあることを物語る。国民の不安を増長したのは、5年ぶりに発出された全国瞬時警報システム（Jアラート）だった。

2022年10月4日午前7時22分ごろに発射された北朝鮮の弾道ミサイルは、過去最長の約4600キロを飛行した。Jアラートは5分後に発出されたが、避難すべき対象地域が二転三転。青森県に警報が出たとき、ミサイルは同県上空を通過していた。

初めてJアラートが発信された東京都の島嶼部は「誤発信」だったが、島嶼部の町や村は防災無線やメールで児童・生徒の登校を見合わせ、JR東日本も新幹線と在来線が一時運転を見合わせた。

2017年から運用されているJアラートは、ミサイル攻撃に関する情報などを都道府県や市区町村に送信し、瞬時に国民に情報伝達するシステムだ。政府はJアラートの強化を進め、従来は日本列島の上空通過が確定的になってから情報を発信していたものの、通過する可能性が高まった時点で発信するように見直している。

内閣官房の国民保護ポータルサイトによれば、Ｊアラートが発信された場合には国民に①屋外にいる場合、近くの建物の中か地下に避難する、②建物がない場合、物陰に身を隠すか、地面に伏せて頭部を守る、③屋内にいる場合、できるだけ窓から離れ、できれば窓のない部屋に移動すると呼びかけている。

ただ、Ｊアラートへの信頼度に加えて、日本は有事に対する危機意識が海外と比べ高いとは言えず、情報が発信されたとしても避難できる人がどれだけ多くいるのかは未知数だ。２０２２年11月に実施されたＮＨＫの世論調査によると、Ｊアラートが出された後の政府の説明が十分かという問いに対して「十分説明している」は７％、「説明が足りない」は81％だった。

日本は海を隔ててロシア、中国、北朝鮮と向き合う。航空自衛隊が領空侵犯のおそれがある外国機に対して緊急発進する「スクランブル」は増加しており、２０１０年度は３８６回だったものの、２０１６年度には１１６８回にまで急増した。２０２２年度は７７８回で対中国が７割を占めている。日本の安全保障上の脅威は北朝鮮の弾道ミサイルだけではないのだ。

想定したくはないが、仮に巨大地震が発生したタイミングでミサイルが襲来したらどうなるだろうか。首都直下地震や南海トラフ巨大地震が発生した場合には自衛隊は巨大災害への対応にマンパワーを割く。「国家を守る自衛隊」と「国民を守る自衛隊」という二つの役割を同時に求められることになれば、本来の対処能力が発揮できないのは言うまでもない。だが、大地震はいつ襲ってくるのかはわからない。台湾海峡が緊迫化しているときに「地震発生は遅らせてくれ」というわけにはいかないのだ。

関西大学の永田尚三教授は「海外では『災害対策』という際に自然災害より、他国からの武力行使に備える。日本は自然災害に重きを置く。過去に起こっていない現象をもとに準備していくことを得意としていないようだ」と語る。いつまで、どこまで、どうやって。厳しさを増す安保環境と自然災害の脅威を前に、我が国が取り組むべき処方箋はまだ示されてはいない。

地震の後には雨が降る

皆さんは「地震の後には風が吹き、雨が降る」という諺《ことわざ》をご存じだろうか。科学的な因果関係は不明だが、総務省消防庁の公式サイトに掲載されている全国災害伝承情報には「地震があると、天候が変わる」「朝十時に地震があると晴となり、五時頃だとあめとなる」といった全国各地の言い伝えが紹介されている。地震の後に降雨があれば二次災害の危険性が高まるのは当然で、そうした教えを残してきたのかもしれない。

　大地震の発生時、まず襲来するのは激しい揺れや津波、火災だ。それだけでも命を守る行動で手一杯となるが、そこに豪雨が訪れれば複合的な災害に襲われることになる。降雨で地盤が緩み、土砂災害や堤防の決壊、住宅などの倒壊リスクが高まることに加え、川の洪水や視界不良で救助活動にも支障が生じる。気温低下が重なれば避難生活の不安も増大するだろう。

　地震と豪雨の複合災害として知られるのは、１９４８年６月28日にＭ７・１を記録した福井地震だ。内閣府の「災害教訓の継承に関する専門調査会報告書　１９４８福井地震」によると、震源付近では住家の全壊率が１００％に達した集落が現れ、死者約３８００人、全壊は約３万４０００棟に上った。

　堤防は地震で天端《てんば》が最大で４～５メートル沈下し、法面《のりめん》崩落が相次いで発生。約１ヵ月後の７月25日に襲った豪雨に耐えきれず決壊、濁流は福井市に流れ込んだ。浸水深は２・４メートルに達し、約７０００棟の家屋が浸水。浸水面積は約１９００ヘクタールに及んでいる。地震と豪雨という〝ダブルパンチ〟は、避難できた被災者の生活再建を遅らせるのは言うまでもない。

予知が困難な地震に比べて、気象予報はニュースで見ることができる。ただ、悩ましいのは避難指示をいつ出すべきか判断が難しい点にある。災害対策基本法は、住民に避難を促す「避難情報」を発出する権限は自治体にあると定める。2021年11月に内閣府が公表した123市町村を対象としたアンケート調査によれば、「土砂災害の危険度分布や河川の水位等が刻々と移り変わるため、発令の判断が難しい」と回答した自治体は66%に上っている。

「避難情報を発令しても、災害が起きず空振りになり、かえって避難指示の効力が薄れる不安がある」は63%、「避難情報をどのような範囲で発令するか判断が難しい」も57%に達し、人々に避難を促すタイミングに頭を抱える自治体の姿が浮かび上がる。

2021年7月、静岡県熱海《あたみ》市では3日間降り続いた雨で大規模な土石流が発生し、28人（災害関連死1人含む）が犠牲となった。静岡地方気象台と静岡県は避難指示発令の目安である「土砂災害警戒情報」をほぼ1日前に出していたが、熱海市を含めて同県の4割にあたる14市町は「避難指示」（警戒レベル4）を発令していなかった。

土砂災害警戒情報の精度は向上してきた。土砂災害の危険度の高まりを示す「キキクル（危険度分布）」は2019年6月に5キロメッシュ単位から1キロメッシュ単位になっている。気象庁は「危険な場所にいる方は、地元自治体から発令されている避難指示等に伴い、適切な避難行動をとってほしい。また自治体が空振りを恐れずに避難情報を発令できるよう、気象台からホットラインなどを通じて支援していきたい」としている。

2023年5月5日に震度6強の強い揺れに襲われた石川県能登地方では、地震発生から一夜明けて降雨がみられたが、気象台と自治体の連携プレーで乗り越えた。揺れの大きかった地域では大雨災害が普段よりも起こりやすくなっているため、気象庁は大雨警報や注意報の発表基準を通常の7～8割に下げて運用。気象台から天気の見通しを聞いていた同県珠洲市は避難所を開設し、土砂災害警戒区域の住民に避難指示を出した。

水害発生時の避難が大規模に及ぶことが想定される地域について、国と東京都は「首都圏における大規模水害広域避難検討会」を設置し、広域避難場所の確保や避難手段、避難誘導などを検討してきた。

たとえば、台風上陸の24～9時間前に、①気象庁が高潮特別警報発表の可能性を伝える会見を行う、②荒川流域の3日間積算流域平均雨量が600ミリを超えると予測される、③江東5区（墨田・江東・足立・葛飾・江戸川の各区）の首長の判断のいずれかに合致した場合に「広域避難指示」を発令する。東京都は大規模水害時の浸水に備え、江東5区や高速道路各社と緊急避難先に関する協力協定を2023年4月に締結。避難情報のうち最も危険度が高い「緊急安全確保」（警戒レベル5）が発令された場合、首都高や京葉道路のランプを逃げ遅れた住民の避難先とする考えだ。

ただ、先に触れた諺にあるように「地震の後」に豪雨が発生した場合はマニュアル通りにはいかない。首都直下地震や南海トラフ巨大地震の襲来時は混乱も生じるだろう。全国に残される言い伝えを無駄にしないためにも、複合災害の発生時に自分はどこに、どのように逃げるべきか。いかに家族と安否を確認し合うかなどは事前に決めておく方がよいだろう。

天気はコントロールできるのか

明日の天気が予測できるようになったのは130年ほど前のことだ。今では当たり前のように知ることができる天気予報のなかった時代は、空の色や風向き、生物の様子などから「予測」していた。それがスーパーコンピューターの登場で台風ならば1週間前から3日ほど前に気象庁が注意喚起できる時代を迎えている。では、将来的に人間は天気をコントロールできるようになるのだろうか。

我が国で最初に発表された天気予報は1884年6月1日。全国の天気を一行で表したもので、交番などに掲示された。気象庁によると、約20年前は人間による分析がコンピューターに勝っていたが、スーパーコンピューターの登場で予測精度は当時と比較にならないほど向上した。札幌管区気象台長の室井ちあし氏は「大雨や台風はある程度予測ができる現象のため、危険な時間になる前に安全な場所に移動すれば被害は防ぐことができる。どれだけ多くの人に台風の脅威を伝え、備えてもらえるかで被害の大きさは変わる」と説明する。

今日では「線状降水帯」の予測も開始されるようになった。線状降水帯は同じ場所で積乱雲が次々と発生し、数時間にわたって大雨をもたらす。豪雨災害を引き起こす要因となる危険な現象だ。気象庁では最も予測が難しい現象の一つといわれてきた。「線状」の雨雲が日本列島上空に急に出現したと思ったら、数時間後に消失したり、逆に長くなっていたりと変化するのだ。だが、データ分析や予測精度の進化によって2022年6月からは「半日前」に予測を発表できるようになっている。

とはいえ、近年は台風の威力増大や記録的豪雨が多発している。気候変動に伴って気温上昇と降水量の増加が見込まれ、風水害の激甚化につながることが懸念されているのだ。2014年8月、広島市には1時間に100ミリを超える猛烈な雨が降り、同時多発的に大規模な土石流が発生。70人以上が犠牲となり、土石流災害としては過去30年間の日本で最多の被害になった。2015年9月に関東・東北地方を襲った豪雨は、一部地域で5日間の総雨量が600ミリを超える記録的大雨となった。利根川支流の鬼怒川は堤防が決壊し、死者14人（災害関連死含む）、氾濫面積は約40平方キロで多数の孤立者が発生し、約4300人が救助された。

2018年7月に襲来した西日本豪雨は「平成最悪の水害」となった。西日本を中心に全国123地点で72時間の積算雨量が観測史上1位を更新し、各地で河川氾濫や土砂災害が発生した。死者220人超、負傷者450人超、住家全壊約6800棟、床上床下浸水は約3万棟などの被害が確認された。気象庁は、個別の豪雨としては初めて「温暖化が一因」との見解を発表している。

台風や大雨による激甚化を防ぐためには、地球温暖化問題と真剣に向き合わなければならない。だが、それ以外の方法として「天気をコントロールする」という〝奥の手〟が注目されている。科学技術の発展によって、それを実現しようという試みだ。

実は、東京都には全国でも珍しい「人工降雨装置」がある。奥多摩《おくたま》町の施設では雲の中に雨粒の種となる物質（ヨウ化銀）を撒き、人工的に降雨を促す装置が導入されている。ヨウ化銀とアセトンの混合液を燃焼・発煙することで上空の雲にヨウ化銀を送る。雲に到達したヨウ化銀は周囲の水蒸気を集めて粒となり、それが落下して雨に変わるという仕組みだ。

大規模な渇水時のみ稼働することになっており、１９９６年夏に利根川水系の取水制限率が30％になった際には41日間稼働した。まるで、『ドラえもん』の「ひみつ道具」にあるような人工降雨装置は世界で50ヵ国ほどに導入されているという。ただ、これはあくまでも「雨を降らせる」装置であり、自然災害の被害を軽減することにつながるわけではない。

それならばと、内閣府は２０２１年10月に開設された横浜国立大学の台風科学技術研究センターに研究費を投じ、台風を制御する未来を見据える。全国初の台風を専門とする総合研究機関には気象学の専門家や防災、エネルギー科学の研究者らが所属し、産官学の垣根を越えて防災・減災を目指している。

１９７０年に開催された大阪万博（日本万国博覧会）のテーマは「人類の進歩と調和」だった。三菱グループの「三菱未来館」は、50年後の日本が科学技術で陸・空・海を支配し、台風や津波といった自然の脅威を人間がコントロールできる様子を描いていた。だが、万博開催から50年以上が経過した今も人間は天災と闘っている。

２０２５年には「いのち輝く未来社会のデザイン」をテーマに大阪・関西万博が開催されるが、人類共通の課題解決に向けた新たなアイデアは創造されるのだろうか。道なき道はなおも続く。

おわりに

２０２３年９月１日は、首都圏に未曽有の被害をもたらした関東大震災から１００年となる。この間に私たちは何を学び、次の大地震襲来にどのように備えることができているのだろうか。その記憶と教訓を改めて振り返り、自らを問い直す機会と言える。

当時と比べて首都・東京の人口は６倍以上に膨れ上がる。５年ごとに行われる国勢調査の１回目は１９２０年に実施されているが、関東大震災発生時の東京市の人口は約２２０万人だった。足元の２０２３年５月１日時点は外国人を含めて１４０８万５０００人だ。当時の我が国の総人口は約５６００万人で、65歳以上の割合は５％程度。しかし、猛スピードで進む少子高齢化によって現在は高齢者が全体の３割を占める。首都圏には高層マンションが林立し、１世帯あたりの人員も５人程度から半減している。この間の変化は、関東大震災の教訓を活かしながらも、対策と備え、防災意識は「令和版」に更新しなければならないことを意味するだろう。

たしかにテレビやラジオがなかった時代と比べ、今はスマホが1台あれば大量の情報を容易に入手できるようになった。だが、災害に関する情報は単に「知る」だけでは意味をなさない。それを準備や行動に活かしてこそ効果を発揮する。大規模商業施設や地下商店街、高速道路や鉄道網が発達した今日は、関東大震災の発生時と同じ環境ではない。職場や外出先、旅行中に大災害に遭遇したらどのような行動に移すことができるのか。自らの「情報」と「行動」を時代の変化に応じて更新していく必要がある。

2023年6月、5年に一度開催される国内最大級の消防や防災に関する展示会「東京国際消防防災展」には最先端の技術を駆使した防災製品が集結した。最新型の消防車両やドローン、空気呼吸器や長期保存食など計325の団体・企業が出展。4日間の総来場者数が約17万人に上ったことからも防災意識の高まりを感じることができる。

開会式で小池百合子都知事は「私たち一人ひとりが多様な切り口からのアプローチが必要であり、備えておく。この展示会がまさにその好機であり、チャンスとなることを期待している」と呼びかけたが、最新の防災技術・災害対策を知るとともに自らに何ができるのかをイメージしておくことは「有事」への備えとして極めて重要だ。

２０２４年の改刷で新一万円札に描かれる渋沢栄一氏は、第一国立銀行や東京ガスなど５００近い企業の設立に関わった我が国における〝資本主義の父〟として知られる。関東大震災のときに83歳だった渋沢氏は、「首都の復興」に尽力した。「わしのような老人は、こういうときにいささかなりとも働いてこそ、生きている申し訳がたつようなものだ」。内務大臣の後藤新平氏から命を受けた渋沢氏は、収容所や炊き出し場、情報案内所、臨時病院などの設置を進めた。

災害時は「自助」に加え、互いに救いの手を差し伸べる「共助」が被害の最小化につながる。だが、政府の「高齢社会白書」(２０２２年版)によれば、２０２１年10月1日時点の高齢者は約３６２１万人に上っている。高齢化率は２０６５年に38・4％に達し、国民の約2・6人に一人が65歳以上となり、約3・9人に一人は75歳以上に達すると推計される。一人暮らしの高齢者が増加し、自宅で介護生活を送る人も増え続けるだろう。そのときに少ない支え手がいかに助けを待つ人々を救うことができるのかは我が国の大きな課題になる。国や自治体の「公助」だけに頼らず、自らや大切な人を守り抜く覚悟が求められる。

２０１１年に発生した東日本大震災の被災地で、タクシー運転手を続ける橋本卓さん（仮名）は、毎年3月に慰霊で訪れる多くの人を海辺に運ぶ。津波で流された車の上で「助けて」と叫ぶ人、救いを求める手を忘れることはできない。ただ、救助に向かえば自らの命が危うかったと振り返る。「目の前を通り過ぎることしかできなかったんだ」。非番で助かった人がいれば、たまたま出勤していて津波に襲われた同僚がいる。「運だよな」と漏らす寂しげな表情が忘れられない。

私たちは大災害が発生するたびに法を改め、ハードを備え、対策やシミュレーションを重ねてきた。それでも「想定外」が繰り返されるのが自然現象の怖さでもある。日々変わる天候や寒暖に加え、私たちの周りは絶えず変化し続けていることは忘れてはならない。

首都圏の物流の要である東京湾の湾口には「東京海底谷《かいていこく》」と呼ばれる水深500メートル以深の深海域が広がる。海洋の専門家である東海大学の山田吉彦教授によれば、東京の海もまた変化しているのだという。伊豆諸島であまり見られなかった沖縄の県魚・グルクンが釣れるようになり、200キロ級のクロマグロも姿を見せている。

温暖化の影響でマグロ類の餌となるグルクンやイワシが北上し、それをマグロが追う。単に「魚のことでしょ」と思うかもしれない。だが、激甚化・頻発化する近年の気象災害の背景には地球温暖化の影響があると考えられている。世界気象機関(WMO)によれば、世界で洪水や暴風、干ばつといった気象災害の発生件数は1970年からの50年間で5倍に増加した。気候変動によって気象や降水量に極端な現象が増え、その深刻さは増大していくと予想されている。世界気象機関のターラス事務局長は「温暖化の影響で異常気象が増している」と警鐘を鳴らしているが、私たちが暮らす環境は変化を続け、自然災害の危険度が上昇していくリスクがつきまとう。

もちろん、いかなる巨大災害がいつ襲ってくるのか確定的なことは誰にもわからない。「1000年に一度」の大災害に遭うならば、そのときに生活している人は「運が悪い」のかもしれない。ただ、先人たちが残した教訓を活かし、生き抜くだけの情報と準備、対策が備えられていれば多くの命は救われるはずだ。要は、正しい知識や教訓を「知っているか」。それを元に「備えているか」が問われる。

首都直下地震と南海トラフ巨大地震、富士山の噴火がほぼ同時期に発生する「大連動」が生じれば、我が国だけではなく、地球上でどの国も経験したことがない非常事態が訪れるだろう。自衛隊や警察・消防は大量動員される計画が立てられているが、同時多発の事態は想定されてはいない。「絵空事」で済めばよいが、地球が変化し続ける以上は「大連動」が生じる可能性はゼロとは言い切れない。そのときに隣国から攻撃に遭ったり、風水害に襲われたりすれば――。

間違いなく言えることは、世の中に「絶対」はないということだ。いかに人間が万全を期したと思っていても、自然の力はそれをあざ笑うかのように上回る。そのような地球で暮らすことの〝宿命〟を踏まえるならば、国や自治体、そして国民一人ひとりが「できることをやる」しかないのだ。

第7代の東京市長を務めた後藤新平氏は「人のお世話にならぬよう　人のお世話をするよう　そして、報いを求めぬよう」という言葉を好んで使った。後藤氏の思いは、人間関係が希薄化しがちな今日の私たちに突き刺さる。

あなたには自らの備えと同時に、大切な人の命を守る覚悟ができているだろうか。本書で記した教訓や備えなどが少しでも皆さんの準備や心構えにつながれば幸甚である。国や東京都、自治体は「首都防衛」に全力を尽くす。皆さんが築き上げる「防衛力」が次の100年につながることを願っている。

本書の執筆にあたっては、多くの方々にご協力をいただいた。東北大学災害科学国際研究所の今村文彦教授、京都大学の鎌田浩毅名誉教授、京都大学の河田惠昭名誉教授、東京大学の坂本功名誉教授、名古屋大学の武村雅之特任教授、同志社大学の立木茂雄教授、東京大学の辻健教授、関西大学の永田尚三教授、東京都立大学の中林一樹名誉教授、東北大学の西村太志教授、早稲田大学の長谷見雄二名誉教授、早稲田大学の濱田政則名誉教授、拓殖大学の番匠幸一郎客員教授、東京大学の平田直名誉教授、名古屋大学の福和伸夫名誉教授、東京大学の藤井敏嗣名誉教授、日本医科大学の布施明教授、札幌管区気象台の室井ちあし気象台長、東京大学の目黒公郎教授、東海大学の山田吉彦教授、吉岡和弘弁護士、関東学院大学の若松加寿江研究員（五十音順）、そして東京消防庁の古賀崇司2方面本部長、警視庁の若田英前総務部長など関係者の皆様に改めて感謝を申し上げたい。そして、本書を世に送り出せたのは、講談社現代新書編集部の佐藤慶一さんの力によるものだ。常に読者を意識した新たな視点でのアドバイスをいただいた。

災害によって犠牲になられた方々の思いや教訓を継ぐことは重要だ。未曽有の巨大災害が襲来したとき、少しでも被害が抑えられることを願っている。

講談社現代新書　2717

首《しゅ》都《と》防《ぼう》衛《えい》

二〇二三年八月二〇日第一刷発行　二〇二四年七月一六日第一一刷発行

著者　宮《みや》地《ち》美《み》陽《よ》子《こ》

発行者　森田浩章

発行所　株式会社講談社

東京都文京区音羽二丁目一二―二一　郵便番号一一二―八〇〇一

電話　〇三―五三九五―三五二一　編集（現代新書）

〇三―五三九五―四四一五　販売

〇三―五三九五―三六一五　業務

装幀者　中島英樹／中島デザイン

印刷所　株式会社KPSプロダクツ　図版制作　株式会社アトリエ・プラン

製本所　株式会社国宝社

定価はカバーに表示してあります　Printed in Japan

N.D.C. 360　222p　18cm

ISBN978-4-06-533085-2

「講談社現代新書」の刊行にあたって

教養は万人が身をもって養い創造すべきものであって、一部の専門家の占有物として、ただ一方的に人々の手もとに配布され伝達されうるものではありません。

しかし、不幸にしてわが国の現状では、教養の重要な養いとなるべき書物は、ほとんど講壇からの天下りや単なる解説に終始し、知識技術を真剣に希求する青少年・学生・一般民衆の根本的な疑問や興味は、けっして十分に答えられ、解きほぐされ、手引きされることがありません。万人の内奥から発した真正の教養への芽ばえが、こうして放置され、むなしく滅びさる運命にゆだねられているのです。

このことは、中・高校だけで教育をおわる人々の成長をはばんでいるだけでなく、大学に進んだり、インテリと目されたりする人々の精神力の健康さえもむしばみ、わが国の文化の実質をまことに脆弱なものにしています。単なる博識以上の根強い思索力・判断力、および確かな技術にささえられた教養を必要とする日本の将来にとって、これは真剣に憂慮されなければならない事態であるといわなければなりません。

わたしたちの「講談社現代新書」は、この事態の克服を意図して計画されたものです。これによってわたしたちは、講壇からの天下りでもなく、単なる解説書でもない、もっぱら万人の魂に生ずる初発的かつ根本的な問題をとらえ、掘り起こし、手引きし、しかも最新の知識への展望を万人に確立させる書物を、新しく世の中に送り出したいと念願しています。

わたしたちは、創業以来民衆を対象とする啓蒙の仕事に専心してきた講談社にとって、これこそもっともふさわしい課題であり、伝統ある出版社としての義務でもあると考えているのです。

一九六四年四月　野間省一